江西中医药大学中医药高等教育学科人才培养之教师发展系列

教学标兵谈教学方法

简　晖　叶耀辉　肖笑飞　主编

全国百佳图书出版单位

中国中医药出版社

·北　京·

图书在版编目（CIP）数据

　　教学标兵谈教学方法／简晖，叶耀辉，肖笑飞主编
. --北京：中国中医药出版社，2025.6
　　（江西中医药大学中医药高等教育学科人才培养之教师发展系列）
　　ISBN 978 - 7 - 5132 - 7868 - 3

　　Ⅰ. ①教… 　Ⅱ. ①简… ②叶… ③肖… 　Ⅲ. ①课堂教学-教学法 　Ⅳ. ①G424. 21

　　中国版本图书馆 CIP 数据核字（2022）第 200909 号

中国中医药出版社出版

北京经济技术开发区科创十三街 31 号院二区 8 号楼
邮政编码　100176
传真　010 - 64405721
廊坊市佳艺印务有限公司印刷
各地新华书店经销

开本 710 × 1000　1/16　印张 12. 5　字数 171 千字
2025 年 6 月第 1 版　2025 年 6 月第 1 次印刷
书号　ISBN 978 - 7 - 5132 - 7868 - 3

定价　65. 00 元
网址　www. cptcm. com

服 务 热 线　010 - 64405510
购 书 热 线　010 - 89535836
维 权 打 假　010 - 64405753

微信服务号　zgzyycbs
微商城网址　https://kdt. im/LIdUGr
官 方 微 博　http://e. weibo. com/cptcm
天猫旗舰店网址　https://zgzyycbs. tmall. com

如有印装质量问题请与本社出版部联系（010 - 64405510）

《教学标兵谈教学方法》编委会

主　编　简　晖　叶耀辉　肖笑飞

副主编　胡海生　余　静　胡伟菊　王　力　黄丽娟

编　委 (以姓氏笔画为序)

王军永　过至雨　乔　欣　江　黎　李　沐

李家荣　周燕玲　郑先平　程　昊　简建辉

教学方法作为教育研究的重要领域，始终受到学界的高度重视。它不仅关乎教学质量的优劣，更直接影响教学效果的达成。无论从理论探讨还是实践应用的角度，这一主题都引发了广泛而深入的关注。自2007年起，江西中医药大学为巩固本科教学的核心地位，提升整体教学水平与教育质量，创新性地实施了"教学标兵工程"，每两年开展一次教学标兵遴选活动。截至目前，该校已成功举办九届教学标兵评选，累计有77人次、49位优秀教师获此殊荣。这一举措不仅营造了"比、学、赶、帮、超"的积极教学氛围，更有力促进了教师教学基本功与专业能力的提升，有效激发了广大教师投身教学、潜心教研的积极性与创造力，充分发挥了优秀教师的示范引领作用，为学校整体教学质量和教育水平的持续提升奠定了坚实基础。

在此背景下，江西中医药大学组织历届教学标兵精心编撰了《教学标兵谈教学方法》一书。作为深化教学改革、提升教学质量的重要成果，该书紧密结合课堂教学实际，具有显著的操作性与实用性。全书共分十三章，理论部分系统阐述了课堂教学方法及相关理论，深入剖析了教学方法研究的必要性与重要意义，重点探讨了中医药院校教学方法改革的现实问题与发展前景。实践部分则聚焦教学标兵的教学方法运用经验与心得体会，为青年教师提供了极具价值的示范与参考。这是继2015年《大学课堂教学方案设计》修订再版后，江西中医药大学在提升本科教学质量方面的又一重要探索。鉴于编者水平所限，书中难免存在疏漏与不足之处，恳请各位专家学者及使用本书的教师提出宝贵意见，以便再版时进一步完善。

《教学标兵谈教学方法》编委会

2025 年 2 月

目 录

第一章 绪 论

第一节 教学方法概述

一、教学方法的内涵

"方法"一词最早出现在我国古代，指的是人们为了有效办事所遵循的途径与路线。后来，"方法"一词被广泛使用，多指为实现某目标而采取的各种行为方式的总和。关于教学方法，众多学者从不同角度提出了多种定义。在欧美一些国家的教学论著作中，通常不区分教学方法与教学组织形式，二者均用"教学方法"一词来表述。因此，他们将个别教学、班级教学、小组活动等也归为教学方法。由于他们很少为教学方法下定义，故关于教学方法的论述较为罕见。相比之下，中国则明确区分了教学方法与教学组织形式，形成了更为狭义的教学方法概念。

我国学者李秉德在《教学论》中将教学方法定义为："教学方法是师生双方在教学过程中为完成教学任务与实现教学目的，所运用的各种相互联系、相互活动的方法的总称。"此外，王道俊认为："教学方法是师生双方为完成教学任务而采用的方法，是教师引导学生掌握知识、技能，促进身心发展的共同活动方法，包括教师的教法与学生的学法。"

教育家巴班斯基则认为，定义教学方法应首先明确其基本特征，并根据每个特征作出不同的定义。例如，他指出："从教师指导作用的角度看，教学方法可定义为组织学生的学习认识活动并控制这一活动的方法。"若强调教学论方法的认识方向性，则可定义为："用于使学生在教师指导下从不知到知、从不完全和不确切的知到完全和较确切的知的方法。"当然，

1

巴班斯基也认为，教学方法可有一个一般性定义，即"为达到教养、教育和发展学生的目的，而调整师生相互联系活动的种种有序方式"。

总体而言，教学方法的内涵有广义和狭义之分。广义的教学方法是指在教学过程中，教师和学生为实现共同的教学目标、完成共同的教学任务，所采用的方式与手段的总称，包括教学形式的组织、教材内容的编写方式等。狭义的教学方法则是指在教学活动中，教师如何对学生施加影响，如何传授科学文化知识并培养学生能力、发展智力，形成一定道德品质和素养的具体手段。

二、教学方法的特点

教学方法是教学活动开展的基本条件，是教师教育理念的集中体现，也是实现教育目标、完成教学任务、提升教学质量的关键途径。无论是在教学理论还是教学实践中，教学方法都占据着至关重要的地位。它不仅是教学理论构成中不可或缺的核心内容，也是教学实践中不可替代的表现形式，具有目的性、双边性、多样性、整体性、继承性和发展性等特点。

（一）目的性和双边性

目的性是教学方法的首要特征，也是其本质属性，它决定了教学方法的方向。教学方法与教学目的紧密相连，始终具有鲜明的目标指向性。作为实现教学目标、完成教学任务的必要工具，教学方法由教师的教法与学习者的学法共同构成。有效的教学方法所取得的教学效果，是教法与学法相互配合、共同作用的结果，而非两者的简单叠加。

（二）多样性和整体性

教学方法是多样的，每一种方法都具有其独特的特点和功能，适用于不同的教学情境。不存在一种适合所有教学情境、学科和学习者的万能教学方法。多样化的教学方法能够更好地适应不同学科、学段、教师和学习者的需求；同时，各种教学方法相互联系、相互配合，共同构成一个完整的、有机的教学方法体系，发挥整体的效用。

（三）继承性和发展性

任何新的教学方法都是在教学方法的历史发展过程中产生的，都与以往时代的教学方法存在继承关系。同时，教学方法并非一成不变，而是随着时代的发展不断演进，从而形成具有时代特征的新的教学方法。

三、教学方法的作用

关于教学方法的作用，西方学者并未进行专门的系统论述，但从他们对各种教学的概述中，仍可归纳出以下四点认识。第一，教学方法能够帮助教师实现特定的教学目标或完成预定的教学任务。教学目标对教学方法的选择具有指导作用，而恰当的教学方法运用则能更好地体现教学目标，为实现教学目标提供有效途径。第二，教学方法能够促进学生有效地学习。教学方法的内涵包括学生的学习方法，而学习效率与效果则与教学方法密切相关。尤其在当前知识信息爆炸的背景下，如何提高学生的学习有效性成为选择教学方法的重要依据。第三，教学方法能够激发学生的学习动机，吸引学生的注意力和兴趣。学习的本质在于掌握知识，而学习过程是一种价值体验，这种体验的初始阶段需要学生对所学内容产生强烈的动机与需求，并激发积极的探索欲望。正确且有效的教学方法正能起到这一作用。第四，教学方法能够影响教材的选择与安排，甚至改变教材的性质。教材是学科知识的系统化整合，不同的教材需要不同的教学方法与之配合，而不同的教学方法又反过来影响教材的选择与安排。

与西方学者不同，苏联教学论专家对教学方法的作用有许多精辟的论述。他们认为，教学方法的主要作用包括：①将知识传授给学生，并帮助学生形成技能与技巧；②发展学生的智力、能力与创造力；③帮助学生形成一定的观点，建立信念并培养相应的社会行为习惯。列尔涅尔特别强调了教学方法的教育作用，他指出："教学方法的教育作用既体现在其各个组成部分，也反映在其整体形式上。例如，教学活动的质量、手段的美学价值、学习目的的产生、学习活动的努力程度、使用教学手段的技能以及教学效果，均可起到教育作用。"他还认为："如果教学方法运用得当，手段能使人产生美感，解决问题的方法完善，这些都能起到美育的作用。通过教学方法的使用，还可以进行德育，这需要使学生养成习惯：论据确凿，判断事实严肃认真，正确对待自己的观点与同学的意见。"

与国外学者相比，我国学者更多地从教学方法在整个教学过程中的重要地位来阐述其作用。普遍认为，教学方法是教学过程整体结构中的关键组成部分，是教学的基本要素之一，直接关系到教学工作的成败、教学效率的高低以及培养学生成为何种人才。因此，教学方法的好坏，成为能否实现教学目的、完成教学任务的关键。此外，我国学者还从宏观和微观两个层面探讨教学方法的作用。从宏观上看，教学方法是教学过程的核心组成部分，在教学过程中处于承上启下的重要环节；若未能采用适当的教学方法，便无法实现教学目的和任务，进而影响整个教学系统功能的发挥。从微观上看，教学方法涉及课堂中的普遍变量，包括学生的准备状态、动机激发、教学步骤与设施的安排、强化机制、智力与情绪功能，以及个人满足感。综上所述，各国学者均高度重视教学方法在教学过程中的作用，并认识到，要在短时间内使学生掌握更多知识、形成熟练的技能技巧、促进智力与能力的发展，就必须采用有效的教学方法，否则将难以实现教学目标、完成教学任务。

第二节　高校教学方法概述

一、高校教学方法的内涵

从国内外有关教学理论的文献来看，关于高校教学方法内涵及其特征的界定难以找到完全一致的表述。谢安邦认为："大学教学方法是指在教学中教师如何传授教学内容，采用何种方法使学生掌握教学内容，以及如何处理此类问题。其目的在于激发并引导学生通过自我活动掌握知识，因此教学方法以教学过程的内部逻辑为依据，并受教学目标和教学内容的制约。"徐辉则认为："大学教学方法是教学主体在教学过程中为实现一定教学目标、完成教学任务而采用的教与学的技术、技巧、程序、策略或方法的综合。"邓军的观点是："大学教学方法是能够激发师生思想、情感、潜能、智慧，发挥师生积极性、主动性、创造性的教学方法；是摒弃无视受教育者主体性、漠视受教育者的生活世界与现实社会的价值冲突、教育教学与现实世界的有机联系，忽视对受教育者的理性精神培养、自由思考与独立探索精神培育的教学方法；是构建追求真理、崇尚学术、严谨求是、合理扬弃、正确引导的大学文化的教学方法；是铸就科学与人文并举、传统与现代相融、国内与国际相连、求实与求新互应、爱校与爱国相通的大学精神的教学方法。"以上都是目前我国研究者对高校教学方法比较有代表性的理解。尽管研究者对高校教学方法概念的界定不尽相同，但大体而言，对高校教学方法概念的理解有两种主要认识：一种认为高校教学方法包括教师教的方法和学生学的方法，两者有机不可分割；另一种理解是，教学方法与学习者的认知心理、情感意志有关，从而与学习者的学习方法密切联系，两者相互影响。无论哪种认识，从目前的研究成果来看，学术界对高校教学方法的范围包括教师的教法和学生的学法已逐渐达成了共识。

二、高校教学方法的特点

高校教学方法相较于基础教育学校等教学方法，主要有两个显著特点：一是专业教育的特殊性；二是高校学生身心发展的独特性。

(一) 高校教学方法具有鲜明的学科特点

高校学生需要掌握的是当代社会各行各业所需的专门科学文化知识和能力。相应地，高校教学处于社会发展和科学发展的最前沿，是在科学发展过程中进行探索的。因此，高校教学方法一方面具有很强的专业性和针对性，另一方面也具有探索性。这种学科特点具体表现在学科的研究方法上，如科学的思维方法。随着教学内容的不断深化，高校学生已具备一定的知识基础和智力水平，使得高校教学方法受学科研究方法的影响和渗透日益增强。

（二）高校教学方法具有突出的学生主体性

学生主体性是指学生在教学活动中具有主体地位的属性。在实际开展高校课堂教学时，逐步增强学生的探索性和独立性是较为重要的内容。由于每个学生在个性、智力、生长环境以及后天影响等方面均存在较大差异，因此在教学方法选择上，教师会因材施教，关注学生个体间的差异，开展差异性教学。此外，教师还会在以生为本的原则下，尊重学生身心发展的个性特点，突出学生学习的主体性，给予学生足够的思考、讨论以及表现的时间和空间。教师不仅关注学生是否学会知识，更注重学生学会学习方法，指导学生掌握学习方法，重点培养学生自主学习的习惯和能力，为学生提供自主学习和思考的平台。

第二章　教学方法研究

第一节　教学方法研究的必要性及重要意义

一、教学方法的现状

高校医学教育肩负着为我国社会培养医药卫生人才的重要责任，其目标是培养具有高尚医德和精湛技术的医务人员。相较于其他专业，医学教育具有学科体系庞杂、专业名词繁多、课程内容既独立又相互关联、知识点辨析与记忆难度大等特点。这些问题的存在使得医学教学往往难以达到预期效果。目前，高等医学院校的教育方法现状如下。

（一）教学方法中存在的问题

由于传统教学观念对我国教育影响深远，大多数高校的教学仍以灌输式为主。以教师灌输知识为主的课堂讲授法具有严密的逻辑性和短时间内系统传授知识的优势，但给大学生独立学习的时间和思考空间较少，导致学生缺乏学习的主动性、积极性和创造性，学习兴趣降低，潜能受到钳制甚至湮灭，造成了课堂上教师口若悬河、学生呆若木鸡的被动局面。在这种传统教学中，教师是教学活动的中心，尽管教师知识量丰富，掌握更多的科学技术知识，但这种一味灌输式的教学方法古板落后，导致学生缺乏思考和实践的机会，严重阻碍了学生的发展、独立性的培养以及创造性的发挥。我国高等学校课时总量偏大，医学生的专业课程种类繁多且专业性极强，周学时甚至多达 30～40 学时，学生疲于上课，缺乏自学时间，囫囵吞枣、食而不化的现象严重。以临床医学专业为例，学生在校学习的理论专业课包括人体解剖学、组织胚胎学、生理学、生物化学、药理学、病理学、预防医学、免疫学、诊断学、内科学、外科学、妇产科学、儿科学、中医学等数十门课程。若以传统的教学模式进行理论知识的学习，学生必然会感到枯燥厌烦，丧失对学习的兴趣。

（二）教学手段存在的问题

在传统教学中，高校的教学手段通常以教师口头讲授为主，辅以教学课件完成课程学习。然而，目前高校课堂上现代化教学手段的应用并不普遍，大多数教师仍依赖书本和黑板进行单一讲授。这种落后的教学方式在信息技术主导的现代化社会中显得格格不入，也无法适应日新月异的知识更新速度，导致学生对千篇一律的课堂教学产生厌倦。随着互联网＋时代的到来，高校医学教育迎来了新的机遇和挑战。教师在教学过程中可适当运用多媒体技术丰富课堂内容，如超星学习通、学堂在线、智慧树、爱课程等线上平台。以超星学习通移动课堂为例，其互动系统为提高课堂活跃度，提供了覆盖所有课堂教学活动的互动功能，如课堂签到、抢答、选人、测验、投票、多屏互动、讨论上墙、课堂报告等。其中，问题抢答和选人活动不仅增强了师生互动，还活跃了课堂氛围；课堂签到、投票等活动则大大节约了时间，提高了学习效率。

（三）教学模式存在的问题

当前，高校教学过程普遍存在过于注重教学理论而轻视教学实践的问题。在科学技术飞速发展的时代，知识更新周期不断缩短，现代社会对人才的需求已由偏重知识转向看重能力。因此，无论是实践教学还是理论教学，除了关注学生认知能力的发展，还应关注学生从事实践活动所需的多种能力和全面素质的提升。实践教学不仅能使学生直观理解理论知识，还能培养学生的动手能力，使知识、技能和能力达到统一。在医学院校，医学生的学习不同于其他专业，不仅需要扎实的专业知识，还须具备极强的动手能力。一个合格的医学生要做到眼勤、手勤、脑勤。尽管疾病的种类、临床症状和诊疗方法在教科书中已有明确说明，但每个患者的个体差异导致临床表现也不尽相同。想成为一名合格的医务工作者，医学生需要通过了解人体构造，在临床实习中对每位患者进行观察和研究，结合所学理论知识，在实践中不断完善和提高对疾病的认知。此外，一些常规的诊断手法，如无菌操作、换药、导尿、穿刺、抽血等技巧，仅靠死记硬背书本知识是远远不够的，需要医学生不断地练习和实践。

（四）教育形式存在的问题

当前，我国高等教育正处于从规模扩张向质量提升转型的关键阶段。随着办学规模的扩大，教育资源总量不断增加，然而高校学生人数的增长与现有资源条件之间的矛盾日益凸显。为节约教育成本、缓解资源局限，扩大授课班额成为众多高校，尤其是地方院校及经济欠发达地区院校应对扩招的低投入高产出的策略。然而，大班额教学带来的诸多问题，如课堂管理效率低下、师生互动减少、问题学生及学生问题行为增多等，导致高校教育质量与人才培养质量备受质疑。班级规模的扩大虽在一定程度上缓解了高校的燃眉之急，但这也以牺牲一定的教育质量为代价。

在科技飞速发展的今天，学生群体呈现出多样化的趋势，其学习兴趣、能力及需求的差异性日益突出，个性化人才培养模式刻不容缓。目前，我国高等教育体系中存在不同定位的学校，学校内部也有不同定位的学院和专业。然而，要满足个性化培养的需求，高校即便在同一专业内也应采用多样化的培养模式。例如，在现有双学位、第二学位、辅修和本硕连读的基础上，还应探索其他多元化培养模式，以满足科学研究型、工程技术型和技术管理型人才的培养需求。此外，高校应结合学生毕业后的发展方向，实施模块化培养模式，如就业模块、考研模块、出国学习模块等。对于个别特殊专业，可允许其自行设计符合专业要求的课程模块和体系，同时结合专业特点实行分层、分类教学，力求为每位学生提供合适的专业发展方向，为其未来发展创造广阔空间。

二、教学方法改革的必要性

（一）有利于提高学生的学习效率

互联网时代，人们的生活发生了翻天覆地的变化，获取知识的途径也随之改变。互联网的兴起打破了传统的面对面授课模式，线上与线下相结合的学习方式应运而生。例如，慕课和微课等在线学习平台，只需在手机上下载即可随时随地观看教学视频，深受当代大学生青睐。教师通过线上平台上传教学视频，学生可在课余时间反复观看，充分利用闲暇时间提高学习效率。此外，学生还可以在平台上讨论课堂上未完全理解的内容，并在群内共享有助于理解课堂资料。遇到学习难题时，学生可在平台求助，求助过程中也会激发其他学生共同思考并解决问题。这种通过平台交流、共同解决问题的良好学习氛围，不仅促进了学生课外学习，还加深了学生对理论知识的理解。这种灵活且碎片化的非传统教学方法，能够吸引更多大学生参与其中，充分调动其学习积极性和主动性，极大地提高了学习效率。

（二）有利于提升教师的教学能力

教师教学能力的提升，无论是对于学校教学质量的改进，还是对于当前教学方法改革的实施，都具有重要的现实意义。教学工作是一项极具创造性的工作，教师的创新能力需要在不断实践和探索中逐步培养。近年来，我国教育改革如火如荼，课程改革不断深入，教师教学工作则面临前所未有的挑战。作为教育改革第一线的执行者，教师是否具备相应的教学能力来实施和落实课程改革，成为改革成败的关键因素。因此，教师教学能力的发展研究已成为教育方法研究的焦点。在教育改革及教育环境变化的背景下，高校对教师提出了新的要求：除了具备传统教学模式下的师生交流、沟通能力，教学活动的组织与管理能力，教学与科研相结合的能力等基本要素外，还须具备教学研究与创新能力、信息素养与教学实施能力，以及培养学生终身学习的能力。

（三）有利于完善学校的教学管理

教学改革的推进离不开学校政策的引导与支持，制度的完善与否直接影响着广大师生参与改革的积极性。在改革背景下，高校教学管理制度应凸显与教学改革相契合的特征，为改革的实施提供保障。针对教学方法的革新，教学内容应更具灵活性，顺应社会发展潮流，并有助于大学生的身心发展。应主动摒弃陈旧落后的教学内容，让学生接触更具时代性、更有利于素质培养的新知识体系。高校需构建一套适应素质教育需求的教学管理制度，要求全体师生按照制度开展教学活动，同时在校园营造重视素质教育的文化氛围，使每位师生都受到素质教育的熏陶，从而主动配合学校的教学管理改革。我国宏观教育发展趋势强调培养学生的实践能力与知识应用能力，尤其是高素质专业技术人才的培养。因此，高校教学方法改革从两个层面推动了教学管理改革：其一，教学内容更加注重实用性，聘请更多具有行业经验的教师授课，使学生在课堂上了解行业发展现状及对实践能力的要求，掌握更多实用知识，为未来职业发展奠定基础；其二，为学生创造更多实践机会，如推进校企合作，安排学生到企业实习，同时鼓励企业在高校设立实验室或研究部门，使学生在理论学习后，能够通过实践检验和提升自身能力。

（四）有利于提升人才的培养质量

高校传统的单一培养模式导致我国高校在人才培养上呈现出大众化趋势，学生普遍缺乏创新精神，仅掌握书本理论知识，知识面狭窄，实践中的创造能力表现欠佳，团队合作能力薄弱，难以满足现代社会对创新型人才的需求。为此，高校应通过教学方法改革，以学生为主体，注重培养其创新思维与能力，增强其自信心，提升问题处理能力与创新水平。在问题研究与猜想过程中，鼓励学生展开交流与探讨，促进新思想的产生，同时增强其交流能力。通过大脑的运转与思考，创新思维得以激发，而口语表达的交流则进一步启发学生进行创新性学习，从而提升创新能力与交流能力。此外，针对大学生表达能力不强的问题，教师可在课堂教学中创造练习机会，鼓励学生上讲台发表观点，使其在体验教师荣誉感的同时提高表达能力。同时，通过实施本科生导师制和创新班机制，组建学生团队，在导师指导下利用课余时间开展以学生为主体的课外创新活动，促进学生间的交流、学习与合作，为其提供发挥能力的空间。这不仅有利于学生的个性化发展，还能有效培养其创新能力与团队合作能力。

三、教学方法研究的重要意义

（一）教学方法研究是推动教学观念转变的动力

教学方法始终处于不断变化与发展的过程中，不存在一成不变的教学模式。随着现代科学技术的迅猛发展，高校传统的教学观念也在逐步发生转变。传统高校教学方法以直观教学论为理论基础，采用注入式教学，具体表现为：在教育目标上偏重知识传授而忽视能力培养，在师生关系上将教师的权威绝对化，将学生视为被动接受知识的"容器"，因而在教学实践中多采用单向灌输的方式。然而，在现代科技进步的推动下，人们对教师的教学活动和学生的学习过程有了更为科学的分析与认识，学生的主体能动性被证实对教学成效具有决定性作用，启发式教学因此成为教学方法的核心理念。在师生关系上，既肯定教师的主导作用，又强调学生不仅是受教育的对象，更是具有主观能动性的认知主体。授人以鱼，仅解一时之需；授人以渔，则终身受益。高校教师应不断追求"授人以渔"这一崇高的教学境界，超越传统的讲授模式，转向以学生自主学习、探究发现为核心的教学方法，改革传统的师生关系，减少对知识传递与储存的关注，更多地致力于激发学生的主动性与积极性，培养学生独立获取知识的能力，同时将创造与发现的元素融入教学过程，引导学生从"学会知识"迈向"学会学习"，最终达到"学会研究"的境界。

（二）教学方法研究是促进教学改革发展的动力

教学改革的核心目标之一是改变传统教学中不合理的行为方式和思想观念，其中教师在教学中的不合理行为方式主要体现在教学方法上。在教学改革中，高校被要求革新单一的教学活动模式，将其转变为集约化、高密度且具备多元结构的师生互动活动。作为教学的主战场，课堂中的教学方法是推进改革的关键途径，它不仅帮助教师实现特定的教学目标，还能促进学生高效学习，在教学过程中扮演着承上启下的重要角色。若未能采用适当的教学方法，教学目标和任务的达成将受到影响，进而阻碍整个教学系统功能的实现。随着现代教育技术在教育领域的广泛应用与发展，教学方法的变革正逐步推动教学改革的深入。教师须摒弃以往以教为中心的狭隘理念，树立以学为本的教育思想，围绕启发与引导的目标，采用多样化的教学方式和手段，激发学生独立思考的意愿，使教学过程转变为在教师指导下学生主动学习的过程。例如，教师在讲解关键知识点时，摒弃传统的灌输式教学方法，引入课堂思考与讨论，便能有效调动学生的学习积极性，提升其对知识点的理解与掌握程度。因此，通过对教学方法的深入研究，能够改变教与学的方式，从而确保教学改革的有效落实。

（三）教学方法研究是发展教育科学理念的基石

观念是人类支配行为的主观意识，人的行为受其观念支配，观念正确与否直接影响行为的结果。因此，欲使行为正确，必先树立正确的观念，所谓观念先行即为此理。教育改革同样需要首先转变教育思想观念，发展教育科学理念。所谓教育科学理念，是指具有逻辑结构并经教育实践检验的教育观念系统。这一观念系统的核心是对教育规律的认识，它是经验事实的本质概括。科学理念的培育是教育的整体行为和系统工程，将素质教育的理念贯穿于教育的整体系统中，并在此观念和目标的前提下调整结构，使教育在整体上实现素质教育的功能与效果。教育观念滞后主要表现在：尽管素质教育观、学生主体观和创新教学观等先进理念已为人耳熟能详，但鲜有人将其用于指导实践。如今，在教学方法改革的推动下，高校教学模式由知识理论转向实际行动，由课堂教学转向课外活动，由教师讲授转为师生互动。这一系列教学方法的改革已潜移默化地改变了人们的教育理念，促进了教育观念的转变与落实，为理论开拓与学科建设发挥了重要作用。

（四）教学方法研究是提高教育研究者素质的手段

现代教育离不开科学研究，而教育科研作为在科学理论指导下探求教育规律的创造性认识活动，对推动教育改革具有不可替代的作用。加强教学方法研究，使教师能够依据自身实际情况合理选择和应用科学的教学方法，既是提升教师素质的重要组成部分，也是教师成长的关键内容。教学方法研究不仅能够推进教师教学能力的提升，丰富教师专业发展的理论，深化对教师成长规律的认识，从而为教师的培养和培训提供理论指导；在实践层面，它还能够促进教师教学能力的自主发展，提升教师职前培养和在职培训的针对性与适切性，增强高校教师教学能力考核的有效性，进一步深化教学方法改革，进而提高教学水平与质量。通过加强教学方法研究，能够更有效地提升教师的业务素质，促进教师快速成长，从而提升教学质量。对于广大教师而言，教学方法研究能够帮助他们在教育实践中勇于探索，从依赖经验转向依靠理论，通过学习与运用教育规律，掌握科研的基本理论，逐步成长为研究型教师，甚至成为未来的教育研究者。

第二节　教学方法概述

一、主要教学方法

（一）学导式教学法

学导式教学法是一种基于现代教学理念的新型教学模式，在尊重学生学习主体地位的同时，充分发挥教师的主导作用，实现教与学的有机结合，并合理利用教学资源。其实施步骤如下：首先，学生自学教材并进行尝试练习，初步体验相关操作，将发现的新知识及疑难问题反馈给教师。教师在收集学生疑难问题、了解其预习和自学情况以及初步操练体验后，有针对性地提示要领，交代重点思考问题或进行示范操作，供学生模仿，同时提出学习的基本要求。学生在明确学习目的和要求后，进一步深入自学操练，并就经过思考仍未解决的问题或疑难之处，向同学或教师请教。其次，在教师的组织下，学生互相讨论、交流心得体会；教师巡视并听取学生遇到的疑难问题，关注其思路，对第三次出现的疑难问题及时进行个别辅导答疑。最后，教师抓住关键性难点和教学重点，进行精讲或示范、演示、操作，有计划、有重点、有选择地提问，检查学生当堂理解知识、掌握技能的情况，并做出必要评定。学生在教师指导下改正错误，正确领会要领与方法，完成课后作业，进一步加深理解、记忆。学导式教学法由自学、解疑、精讲、演练四个环节构成，实践表明，这是一种行之有效的教学方法，对调动学生的学习积极性、主动性和创造性，以及更好地掌握知识、发展自学能力具有重要作用。然而，这种教学法特别强调教师的引导作用，要求教师科学设计各教学环节的内容，且在实际运用中仍需解决一些问题，如编写适合学生自学的教材、确定学生自学能力及知识掌握情况的评价标准等。与此相关的教学方法包括一分钟教学法（one minute preceptor，OMP），又称五步微技能教学法，这是一种注重反馈的教学模式，主要包括五个步骤：掌握教学重点、探问相关支持证据、教导一般规则、强化正向和纠正错误，且各步骤的运用并无固定顺序。

（二）暗示教学法

此法又称洛扎诺夫教学法，由保加利亚心理学博士洛扎诺夫创立。它是一种利用暗示手段激发学生心理潜力、加速学习进程的教学方法。自1966 年问世以来，该教学法已在 10 多个国家进行尝试，最初试验对象仅为成人，后逐步扩展到各年龄段；最初试验学科仅为外语，现已推广至其他学科。试验结果不同程度地证实，这种教学方法在挖掘人的学习潜力方面具有显著功效。暗示教学法基于的原理是：人类学习过程包含大脑两个半球的协调活动、有意识与无意识活动的统一，以及理智活动与情感活动的统一。传统教学往往人为地将这些活动割裂，导致学生的学习潜力未能充分挖掘。而暗示教学法则将它们统一为整体，发挥整体功能，尤其注重调动和挖掘长期被忽视的大脑无意识领域和情感活动的潜能，使学生在轻松愉快的氛围中潜移默化地接收信息。洛扎诺夫认为，在精神放松状态下，无意识的心理活动最有利于激发人的超强记忆。运用此法需遵循三条原则：①愉快而不紧张。教学全过程应使学生保持积极愉快的情绪，每个环节都需满足学生的情绪需求，使其感到学习是满足求知欲的快乐，而非枯燥乏味的艰苦劳动。②有意识与无意识相统一。应充分利用学生的有意识和无意识学习功能，激发其内在学习动机，充分发挥其智慧潜力。③暗示相互作用。要求师生间建立相互信任、尊重的关系。这三条原则缺一不可。运用此法时需采用暗示手段，如音乐、节拍、声调、权威、情景、游戏等。这些手段在教学中融为一体，旨在激发学生的学习兴趣和良好情绪体验，营造有利于发挥学生学习潜力的氛围，从而获得最佳教学效果。因此，暗示教学法常具以下典型特征：一是伴随音乐和其他悦耳声音；二是运用权威，即经过时间验证后获得人们尊敬并产生信任感的对象，无论是人、物还是某种观念，以增强暗示力；三是布置优美的学习环境，使人产生愉悦心情；四是运用戏剧、舞蹈、电影等艺术形式，以引发联想、想象等心理活动。暗示教学法融合了心理学、生理学、精神治疗学等领域的知识，精心设计教学环境，通过暗示、联想和想象，调动潜意识的积极作用，使学生在愉悦状态下学习大量教材。这种教学方法效率较高，但对条件要求严格，须具备优美的环境、精良的设备和训练有素的教师。

与此异曲同工的还有视觉教学法和示范教学法，两者都是通过刺激学习者的感官，帮助其形成初步认知，从而降低知识理解的难度。然而，这两种方法在侧重点上有所不同。视觉教学法通过形象、生动、逼真的画面，为学习者提供感性材料，为进一步学习理性知识奠定基础，进而加快教学进程，提高教学效率。而示范教学法则更注重"示范－模仿"的过程，教师通过身体语言、动作艺术以及实物等教学手段传授知识，帮助学生明确技能目标，建立正确的动作表象，从而促进学生掌握技能技巧、积累经验、培养能力。

（三）情感化教学法

情感教学理论认为，课堂教学不仅仅是单向的知识传递过程，更应是师生之间的双向情感交流。在教学过程中，教师需充分考虑学生的认知水平，利用情感因素激发学生的学习兴趣，从而提升课堂教学质量。基于此，情感化教学应运而生。情感化教学涵盖以下四个方面。

（1）将学习内容情感化，使学生易学　将学习内容情感化，即通过拟人化、形象化的手法，将抽象、乏味的课本知识转化为学生喜闻乐见的生活场景或游戏形式，使其感到亲切、熟悉、有趣，从而消除对课程学习的恐惧感。

（2）将学习方法情感化，使学生善学　让学生在学习过程中认识到，学习既是学习型社会的要求，也是知识经济的要求，从而积极主动地投入学习，从"学会"走向"会学"。将学习方法情感化，即通过"设疑引胜"激发学生的参与热情，通过"全感参与"使学生在积极的参与中体验成功的情感，掌握创新的学习方法，成为学习的主人。

（3）将学习过程情感化，使学生乐学　学习过程应是学生体验美、感受美、表现美的过程。这一过程应体现动静交错的变化美、合作参与的静态美以及民主平等的人性美。

（4）将学习心理健康化，让学生好学　健康的学习心理应表现为积极的学习心态、稳定的学习情绪和良好的学习习惯。培养学生积极的学习心态，关键在于让学生正确看待错误。为此，学生的学习过程应提倡"无错原则"。首先，让学生认识到错误是学习进步的阶梯，出错是获得更大进步的机会。鼓励学生主动、及时地暴露自己的错误，以便教师和同学及时提供帮助。如何让出错的学生大胆提问或主动寻求帮助？这需要教师对勇于提问的学生给予热情、及时的表扬，并尽可能让其他同学帮助他，为其提供再练习的机会，直至成功。

类似的教学方法还包括体验式教学法、角色扮演法和趣味教学法。体验式教学法依据学生的认知特点和规律，通过创设实际或模拟的情境，呈现或再现教学内容，从而激发学生的求知欲和实践主动性，达到触类旁通、举一反三的效果。角色扮演法最初源于美国心理学家莫雷诺（Moreno）创立的心理剧（psychodrama）。角色扮演（role playing）原本是一种社会心理学技术，通过让人扮演特定角色，并按照该角色的方式行事，从而增进扮演者对他人的社会角色及自身原有角色的理解，进而更有效地履行自己的角色。角色扮演教学法则是围绕特定主题，采用表演的方式进行教学，使教学过程形象生动，激发学生的学习兴趣，提升学习效果。趣味教学法从激发学生兴趣入手，创设意外情境，采用意外教学方式，彰显学生的主体性，培养学生独立思考的习惯，同时提升其科学素养，增强发现问题和解决问题的能力。以学生为中心的课堂必然是有效的。结合学生的认知最近发展区，创设问题情境，将有效提升学生的科学素养。

（四）自助型教学法

自助型教学法是一种由教师指导和启发，围绕教学目的和内容，由学生自主进行学习的教学方法。该方法由美国教育心理学家齐默曼首次提出，又称自我调节学习。它改变了传统教学中满堂灌、同步化、封闭化的课堂模式，强化了学生的自主学习和自我评价意识。在一节课中，学生的连续自学时间通常达到35分钟，并配备一套完整的自学辅导教材，包括供学生自学的课本、练习的习题本和核对答案本等。学生在自学的基础上自行练习并自我批改作业，教师则主要起到启发指导、检查督促和辅导提高的作用。学生在课堂上的学习过程由阅读、练习、自检和小结四个环节构成。然而，要有效实施自助型教学法，前提是学生必须具备良好的自学能力和习惯。教师在教学过程中需遵循四个递进阶段：第一，教给学生阅读的方法，使其能够进行粗读、细读和精读，并在阅读的基础上正确理解题意、概括段意，掌握解题的要求与格式；第二，让学生逐步适应这种教学方法，形成自学习惯。教师需在深入理解教材和学生的基础上，通过拟定启发自学提纲和小结检查提纲，引导学生自学、自结，并在过程中适时强化学生的自学兴趣，重点帮助差生，对疑难处略作启发性引导；第三，在初步形成自学习惯的基础上，加强知识之间的逻辑关系，鼓励学生发现并提出问题；第四，形成良好的自学习惯，充分发挥学生的独立性。这四个阶段既是培养学生自学能力、形成良好习惯的过程，也是该教学方法逐步实施的过程。在整个过程中，教师需贯彻执行七条原则：班集体与个别化相结合；寓有效的学习心理原则于教材之中；教师辅导下学生自觉为主；强化动机，浓厚兴趣；启、读、练、知相结合；自检与他检相结合；尽量采用复习以加深理解和巩固。类似这种以学生为中心的教学法还有产出导向法（Product-Oriented Approach，POA），它强调以学生学习为中心，教师仅作为辅导者，倡导学生输出与输入相结合，提倡学中用、用中学、边学边用、边用边学，是一种新兴的教学方法。

二、常用教学方法

（一）发现式教学法

发现式教学法最早由美国心理学家布鲁纳提出，它是一种以学生为主体，在学习新知识和技能时，教师仅提供辅助性资料及引导，让学生自主发现问题，充分发挥学生主观能动性的教学方法。该教学法能够激发学生的智慧潜能，促使学生产生内在学习动机，培养学生的学习技能，同时有助于知识的长久记忆，因而被广泛应用于教学实践。

发现式教学法包括以下六个步骤。

第一步，试探练习，提出问题。这一步旨在让学生利用已有知识探索新知识的解答方法，发挥其主体作用，发展思维能力，逐步培养自我探索精神。

第二步，学生讨论，探索问题。这一步是在学生产生强烈求知欲、希望获得正确答案的基础上进行的。学生通过讨论后，虽未能完全解决问题，但求知欲望被进一步激发，教师则因势利导，使学生沉浸于解题的思索之中。

第三步，自学课本，解决问题。学生经过讨论后，未解决的问题激起了迫切求解的欲望。当学生处于这种心理状态时，教师引导其阅读课本，将例题与练习题进行对照、分析、比较，并再次讨论，但学生通常无法得到完全符合要求的解答。以上三步是第二次实施提出问题、讨论问题和解决问题的过程。

第四步，反馈学习，提出新问题。学生通过第一阶段的学习，虽已掌握新教材中的一些基本知识，但尚未完全理解，需通过反馈练习检测第一阶段的教学效果，从而明确第二阶段的教学目标。

第五步，师生共同讨论，情境与愉快教学相结合。这一步是在学生发现问题却无法解决，即处于想说却不知如何说的心理状态时进行的。教师需启发学生思考，共同讨论，以求得问题的解决。练习题的设计应遵循整体、有序和适度的原则，做到有目的、有实效、有层次地逐步提高。情境与愉快教学相结合，是根据本节课内容和要求创设的教学情境，旨在改变传统教学方式，注重情感作用，激发学生求知欲，减轻学习负担。

第六步，教师讲解总结。学生通过自学课本、反复讨论、多次练习后，虽掌握了一定知识，但未必系统、全面地理解了知识的内在联系。因此，教师需引导学生归纳总结，使其学会运用分析法和综合法解决问题，找到解题方法和规律，从而概括总结知识，真正解决问题。

（二）团队合作教学法

团队合作式教学法包括学术沙龙式教学法、对分课堂法、SCS 创客教学法、讨论式教学法和 Sandwich 教学法。学术沙龙式教学法是在现代教学艺术理论指导下，将学术研讨的基本原则与学术沙龙的民主形式相结合，并将其引入教学过程，使课堂系统的三要素（教师、学生、教材和教学媒体）之间形成一种科学融合的教学方法。学术沙龙式教学法的基本组织形式包括：主题明确，即必须有一个或几个明确的研讨主题；民主自由，即讨论氛围应轻松活泼，每位学生都能畅所欲言；分组讨论，即将课堂分成若干讨论小组；集中归纳，即每组选出一名代表发言，归纳总结本组讨论意见。实践证明，这种教学方法在培养学生的思维能力、答辩能力、操作能力和自学能力方面具有较好效果，同时有助于营造生动活泼的课堂教学氛围。对分课堂（PAD，即讲授–作业–讨论三个模块）是一种新型教学模式，分为"一堂课内完成"和"隔堂对分"两种形式。其中，"一堂课内完成"是指在一堂课内完成 PAD 三个模块；"隔堂对分"则是将 P（讲授）和 D（讨论）放在课内完成，将 A（作业）放在课外完成。该模式的流程设计基于学生学习的认知规律，通过三个模块灵活开展教学活动。它既传承了传统教学智慧，又使讲授法与讨论法相互补充，理念深刻且简明易用，将被动学习转化为主动学习，培养了学生的批判性思维、创造性思维、沟通能力和合作能力这四项核心素养（4C）。

典型的对分课堂包含四个关键环节。

1. 讲授阶段，即精讲留白，提纲挈领地讲授内容，并对重点和难点给予必要提示。

2. 独立学习与做作业阶段，学生完全独立地根据教师的提示开展学习，此过程中尽量避免与教师和同伴交流。

3. 小组讨论环节，主要依托"亮考帮"作业开展小组合作学习，作业题目基本在小组内部依据标准评判对错，此环节教师不轻易介入，重点在于让学生相互解决问题。

4. 全班交流环节，主动权再次回到教师手中，教师一方面总结归纳内容，另一方面解答共性问题。

创客作为一个符号化群体，泛指那些勇于创新、努力将创意变为现实的人。在国际创客运动与全球教育改革的互动下，创客教育应运而生。北京师范大学傅骞教授率先提出 SCS 创客教学法，该教学法将教学过程分为七个环节：情怀故事导入、简单任务模仿、知识要点讲解、扩展任务模仿、创新激发引导、协同任务完成、成功作品分享。在大数据时代的背景下，这一教学法不仅焕发了教育的新活力，还培养了师生合作思考与创新的能力。Sandwich 教学法是医学类高等院校常用的一种教学方法，因其能够引导学生深度参与课堂教学，激发他们的学习主动性、积极性和创造性，较好地实现课堂教学的双主体目标，故而广受教师青睐。一个完整的 Sandwich 教学法包含七个环节：教师引导、分组讨论、交叉讨论、小组汇报、教师讲授、金鱼缸案例分析、教师总结与反馈。讨论式教学法是指教师在分析教学目标的基础上，精心设计某一问题，学生根据问题相互交流学习，从而获取知识、解决问题的一种教学方法。其具体实施步骤包括：精心设计讨论主题、积极引导课堂讨论、归纳总结讨论结果。类似的教学方法还有茶馆式教学法和话题式教学法，不过茶馆式教学法强调"读读、议议、练练、讲讲"，而话题式教学法则强调围绕已有生活体验的话题，自由、无拘束地参与讨论，两者的学术氛围相对较为轻松。

（三）探索式教学法

探索教学法是一种以探索为核心的教学方法，旨在通过为学生提供真实的问题情境，在教师的指导下，学生运用探索的方式自主学习，从而获取知识并发展能力。该方法的理论基础源自皮亚杰和布鲁纳的建构主义理论。探索式教学法强调以问题解决为中心，注重学生思维能力的培养，充分发挥学生的主体性，同时倡导师生之间的平等、民主与合作关系。

在具体操作中，探索教学法有两种处理方式：对于较简单的问题，无需组织讨论，可要求学生独立思考并在课堂上抽查；而对于难度较大、需要共同研究解决的问题，则先让学生独立思考并拟定初步答案，随后在小组内进行交流与讨论。通过充分的独立思考，学生在讨论时才能有实质性的内容可交流，形成真正的研究氛围。此外，教师可将探索性问题分为必答题和选答题，让学生根据自身能力选择作答。无论采用哪种方式，均需注重时间管理，合理分配独立思考与小组研究的时间，既要保证学生有充分的思考与交流空间，又要营造适度紧张的氛围，以培养其敏捷的思维能力。

具体实施步骤如下：①创设情境；②自主探究；③协作交流；④评

价提高。

（四）TBL教学法

以团队为基础的学习（team-based learning，TBL）是一种强调团队协作、学生主动学习，并结合学生讨论与教师讲授的新型教学模式。该模式最早由美国俄克拉何马州立大学等学者提出，经过不断完善与发展，已在欧美发达国家的医学等课程教学中逐步推广应用。因其教学效果显著，能提升学生沟通能力，并锻炼其分析和解决问题的能力，国内许多医学院校也在积极尝试，不断积累经验。TBL的具体实施步骤如下：①组建学习团队；②教师进行课前教学准备；③学生个人独立学习；④进行个人测试和团队测试；⑤团队练习并运用学习内容；⑥开展学习评价。此外，基于TBL教学法，还衍生出课题式教学法。顾名思义，教师针对教学目标设计出若干单元，每个单元都包含具有针对性和启发性的问题，学生通过合作、交流、检索、搜集等方式解决问题，最终达到分析问题并解决问题的目的。这两种方法在培养学生自主学习和终身学习能力、增强语言表达和人际沟通能力、提高分析和解决问题能力的同时，还能培养学生的合作精神及参与意识。随着我国经济与科技的不断发展，为更好地应对实际工作中的各种突发情况，国内高校专家着力探讨出基于OBE理念的CBL＋TBL双轨式教学法，即基于成果导向教育（OBE）理念的案例为基础的学习（CBL）联合小组合作学习（TBL）的教学模式。OBE强调学习成果决定学习课程与流程，而非传统模式下以固定流程展开教学，避免了学生在学习过程中过于注重流程而忽略结果。CBL通过设置情境、模拟案例，可提高学生对相关操作及意外事件的掌控能力；而TBL则能充分培养学生合作思考、发现问题及合作解决问题的能力。两种教学模式优势互补，显著提升了课堂效果。

（五）程序式教学法

程序式教学法由教育心理学家斯金纳提出，其理论基础为操作行为主义。该方法通过分析教学结构，将教学内容划分为不同层次，在教师的引导下，学生按层次顺序逐步学习，从而掌握知识与动作技能。具体而言，教师将教材按特定逻辑程序分解为若干易于掌握且相互关联的小问题，学生每回答一个问题后，即可获得标准答案，以此实现强化效果，随后继续学习下一个问题，如此循序渐进、由简至繁，最终达成学习目标。

程序式教学法在实施过程中主要分为直线式和分支式两种程序。直线式程序将教材按由浅入深的顺序直线排列，划分为连续步骤，依次呈现给学生。每呈现一个步骤，学生需作出解答反应，答对后呈现正确答案并进入下一步，学生必须按规定顺序学习，不能随意跳跃。分支式程序则采用多重选择反应，以适应个体差异。学生在学完一个单元后立即进行测试，测试题目提供多个选项，选对者进入新内容继续学习，选错者则被引导至适当单元或返回先前单元复习。分支程序通过学生的选择走向不同支线，选择完全正确的学生沿主支快速推进，而选错者则进入分支或亚分支，复习基础知识后再返回主支，学习进度相对较慢。

程序式教学法曾一度在国外盛行，至今仍被广泛应用。尽管学界对其在理论与实践上存在不同观点，但国外研究和实验表明，该方法具有以下优势：其一，按学科逻辑系统以小步子编排程序，兼顾学生认知特点依次推进，符合由易到难的循序渐进原则；其二，及时强化的理论与实践有助于调动学生的学习积极性与主动性，巩固学习成果；其三，该方法以自学为主，要求学生在学习过程中既动脑又动手，有利于培养自学与独立钻研的能力与习惯；其四，能够减少学生错误，使学习更高效、更有动力。

然而，单独采用程序式教学法也存在一些弊端：其一，侧重知识传授而忽视育人，难以使学生的学习积极性与主动性持久保持；其二，缺乏灵活性，学生只能按部就班学习，可能扼杀其独创性；其三，不利于师生交流与同学间的讨论。因此，程序式教学法需与其他教学方法结合使用，方能取得更佳效果。例如，将程序教学法与电脑技术相结合，二者相辅相成，可达到事半功倍的效果。

首先应设立明确的教学目标与任务，具体可概括为以下几点：遵循课程教学大纲，参照传统实验教学内容，尽可能满足学习者的多样化需求。在依据教学大纲的基础上，开发实验项目，实现新旧知识点的无缝衔接，及时更新学生的知识技能储备。通过实验室常用仪器设备及操作方法的演示模块，开展基于此设备的演示实验，力求达到身临其境的效果。实验结束后，教师应依托平台及时批改学生实验报告并反馈成绩，同时进行有针对性的指导。此外，还可结合微课教学法，利用现代录音、录像等设备，在有限的时间和空间内训练学生的特定技能技巧，既提升学生的紧迫感，又增强其成就感，从而营造身心愉悦的学习环境，显著提高学习效率。

（六）微课教学法

微课是微型视频网络课程的简称，它以视频为主要载体，记录教师围绕某个知识点或教学环节开展的简短而完整的教学活动，是一种支持多种学习方式的新型微型在线网络资源。由于这些微视频能够轻松在移动端呈现，也被称为在线学习。微课最早由美国学者戴维·彭罗斯提出，尤其在英美两国实践发展较快。近两年，受疫情影响，国内对微课的认识与实践过程不断加速，经历了从"微资源构成"到"微教学过程"，再到"微网络课程"的逐步完善、从低级到高级的发展阶段。其主要实现形式包括：①课前设计；②视频制作；③效果反馈。其核心内容是教学视频及相关主题的教学设计，辅以课件素材、练习测试、学生反馈和教师点评。微课具有碎片化学习、短小精悍、知识结构完整、互动性强等特点，满足了师生对理想化学习的需求。与之相关的翻转课堂则颠覆了传统"教师课堂讲授、学生课后练习"的教学模式。翻转课堂是一种新型的课堂教学组织形式，学生在课前利用教师分发的数字材料（如音视频、电子教材等）自主学习课程，然后在课堂上参与同伴与教师的互动活动（如释疑、解惑、探究等）并完成练习。其主要表现形式为：①课前学习；②课堂探究问题；③多元化反馈评价。这种先进的教学手段与颠覆性的教学形式，不仅打破了传统课堂的枯燥乏味，还提升了教学效率，使教学环境更加开放，更有利于培养学生的学习能力和实践能力。

三、医学类常用教学方法

（一）案例教学法

案例教学法，又称 CBL 教学法，是一种以案例为先导、问题为基础、学生为主体、教师为主导的教学方法。该方法在基础课和桥梁课中发挥了"授人以鱼不如授人以渔"的作用，不仅帮助学生巩固所学知识，还培养了其独立思考和行动的能力。在案例教学中，教师从讲台前站到了学生背后，既调动了学生的积极性，又为其提供了展示能力的机会。案例教学本质上是一种"做中学"的形式，通过经验和活动获取知识、提升能力。它能够体现学生的职业行为能力，培养其决策能力以及完整表述决策过程的语言能力，同时大大缩短教学与实际生活的差距。

1. 案例教学需要注意的几个问题

（1）案例的选择 案例教学要求通过典型案例来说明事物的特征，因此案例的选择需具有代表性，能够使学生通过案例进行归纳推理，认识同类事物的普遍特征。其目的在于帮助学生从个别学习迁移到类别学习，掌握事物的普遍规律。

（2）案例的运用 案例教学通过对具体案例的思考，激发学生的创造潜能，并在原理和规则的指导下寻求答案。因此，在运用实际情景案例教学时，情景中应包含一个或多个疑难问题，同时提供解决这些问题的多种方法。

2. 案例教学的类型

（1）信息式案例 以收集信息为主要形式。

（2）问题式案例 以调查和解决问题为主要目标。

（3）陈述式案例 叙述某一事件的情境。

（4）决策式案例 以解决问题为核心。

（5）条例式案例 是将案例涉及的背景、问题解决方法、评论等内容系统排列而成的案例。

（6）实录式案例　将实际发生的事件原原本本记录下来，并提出一系列供参考和讨论的问题。

（二）实践教学法

实践教学法遵循理论联系实际的教学原则，这种教学方法在当今高校教学中被广泛应用，对于培养实践型、创新型和创业型人才具有举足轻重的作用。该法主要包括三种模式：第一种模式为社会型，即传统的实践教学方法。具体做法是，学生根据学校的实践要求，进入学校创立的各实习基地进行实践学习。第二种模式为科研型，即理论－实践－理论模式。具体做法是由任课教师根据实践课程设计要求，立项申报科研课题，争取经费，为学生创造实践环境；学生分组进入教师申报的课题组进行科研实践，最后进行课堂理论教学。第三种模式为解决问题型。具体方法是教师收集市场用户提出的问题，设计实践教学计划，指导学生独立解决该问题。常用的实践法还包括医学模拟教学和实验教学法。医学模拟法是利用仿真模型、仿真患者、标准化患者（SP）和其他现代化、智能化的医学模拟技术，模拟人的正常结构和机能、疾病的表现和转归，或对患者的诊疗过程，从而以模拟患者、模拟情境甚至模拟医院代替真实患者、真实临床场景和医院，进行医学教学、技能训练和能力评估的一种教学手段。实验教学法是学生在教师的指导下，科学地选择对象，人为地控制某些条件的变化，观察分析自变量和因变量间的因果关系，从而获取知识和技能的一种教学方法。实验教学法还可以分为验证性和探究性两大类：前者是学生针对已知的实验结果，以观察实验现象、验证理论知识、培养实践能力为主要目的的基础性实验；后者是学生在未知实验结果的前提下，通过实验主动探索、研究、分析，得出结论，从而形成科学总结的一种认知活动。

（三）PBL 教学法

PBL 教学法，即以问题为基础的学习（problem-based learning，PBL），又称主动式教学法，是一种以学生为主体、以复杂且有意义的问题情境案例为基础和导向的教学方法和策略。它引导学生主动思考、积极探究，通过小组合作讨论来辨析问题、展示和评鉴学习成果，从而构建灵活而宽厚的知识基础，培养批判性和创造性思维。PBL 的基本要素主要包括以下几个方面：第一，以问题为学习起点，学生的学习内容以问题为主轴进行架构；第二，问题应是学生未来专业领域可能遭遇的真实世界的非结构化问题，没有固定的解决方法和过程；第三，强调小组合作学习和自主学习，减少讲述式教学，学习者通过社会交往发展能力和协作技巧；第四，以学生为中心，学生需承担学习责任；第五，教师的角色是指导认知学习技巧的教练；第六，在每个问题完成和课程单元结束时，需进行自我评价和小组评价。

在 PBL 教学过程中，教师逐渐隐退，仅在关键时刻起到点拨、支架与教练的作用。教师不再是唯一的知识库，而是知识建构的促进者、学科专家和信息咨询者。作为一种开放式的教学模式，PBL 对教师自身的素质和教学技巧要求很高，要求教师不仅熟练掌握本专业和课程内容，还需扎实掌握相关学科知识，具备提出问题、解决问题的能力，灵活运用知识的能力，严密的逻辑思维能力，以及良好的组织管理能力，善于调动学生积极性、控制课堂节奏等。

PBL 教学的成功开展依赖于学生的主动性。从准备资料开始，学生需结合提纲查阅大量文献，并积极与同学交流沟通，同心协力得出最佳结论。这样的学习方式在前期准备上花费的时间和精力远超普通课堂学习，因此学生须具备主动学习的自觉性，否则难以达到预期的教学效果和目标。

第三章 医学院校教学方法改革

对方法的迷恋，构成了教学世界中的独特景象。无论哪个时代，"教学方法"的改革始终是教学改革的核心组成部分。作为教学研究者，审视与批判旧方法，想象与构建新方法，发掘与阐发方法背后的思想，从而构筑一个新的教学世界，是我们重要的使命，也是贴近实践的必经之路。作为教学实践者，我们拥有怎样的教学方法，如何运用这些方法，在某种程度上决定了我们安身立命的根基。从教学生涯的初始阶段起，教师便逐渐养成一双"方法之眼"，用这双眼睛审视自己的课堂，观摩他人的课堂，寻找一切与方法相关的资源，剔除一切与方法无关的杂质。在教师的精神世界中，始终回响着这样的声音：方法，方法，还是方法。然而，我们不禁要追问：难道我们只需要教学方法吗？除了教学思想的改革，教学改革是否仅仅等同于教学方法的改革？教学改革成功的标准究竟何在？是否只要教师掌握新的教学方法，就意味着教学改革已大功告成？

第一节 教学方法改革顶层设计

教学改革不仅涉及教学方法的革新，更包含教学方法论的重构。教学方法论关注的焦点并非教学方法本身，而是教学方法与教学对象之间的内在关联，其核心在于探究教学方法背后的理论基础。随着医学科学技术的飞速发展，医学高等教育在培养创新人才方面承担着尤为重要的使命。近年来，我国教育模式与西方发达国家之间的差距日益凸显，一场全面而深刻的教育改革已势在必行，其中医学高等教育的改革更是刻不容缓。传统医学教育模式主要服务于生物医学模式，而现代西医学已逐步从生物医学模式向生物－心理－社会医学模式转型，这一转变对医学教育提出了更为严苛的要求。

一、教学方法改革的指导思想

以习近平新时代中国特色社会主义思想为根本遵循，全面贯彻落实党的二十大精神，坚定不移贯彻党的教育方针，坚持社会主义办学方向，切实落实立德树人根本任务。遵循教育发展规律，系统推进教育评价改革，深入发展素质教育，着力引导全党全社会树立科学的教育发展观、人才成长观和选人用人观，积极构建服务全民终身学习的现代化教育体系，努力培养担当民族复兴大任的时代新人，着力造就德智体美劳全面发展的社会主义建设者和接班人。

二、教学方法改革的主要目标

（一）教学方法改革的目的

教学方法改革的核心目的是提升学生的发展水平。我国始终将学生的全面发展作为教育教学方法改革的核心目标，西方各国的教育教学方法改革也致力于解决不利于学生发展的教学问题。可以说，教育教学观念的更新、教学方式的转变、教学评价和管理制度的重建等一系列改革措施，均指向促进学生的全面发展。各国多次开展教学方法改革，每次改革的侧重点各有不同。例如，"为理解而教学""有效教学""教学最优化"等不同历史时期的改革目标，都旨在通过提供高质量和高效率的教学，实现学生的全面发展。

（二）教学方法改革的意义

教学方法改革的意义是多方面的，其基本意义在于真正促进了学生的全面发展。每次教学方法改革所体现的意义虽有所不同，但总体上表现为以下几个方面：

首先，教学方法改革应有助于深化教育改革和教学改革。从教学改革的角度看，当教育改革者设计出优质的课程标准并开发出各类课程和资源后，如何落实课程便成为教学的关键问题。没有教学方法改革，教学改革可能会陷入"穿旧鞋走新路"的困境，即教学改革是"新路"，而教学方法改革是"旧鞋"。20世纪60年代美国教学方法改革的难题即源于此，我国当前的高校教学改革也面临类似挑战。例如，教学改革倡导课堂与学生经验、社会生活的联系，教学方法改革就需打破教学与学生经验、社会生活的疏离，以经验和生活的整合为抓手，充分利用各类课程资源，将学生的经验和生活引入各科课堂教学，使之成为教学生成的活水源。这样，课堂教学扎根于学生的经验和社会生活，无论是学生感兴趣的知识还是其前认知部分，教师在教学设计时都会加以考虑和利用。

其次，教学方法改革应有助于发展和完善教学系统。教学系统是由教师、学生、教学目标、教学内容、教学方法、教学评价、教学过程、教学环境等诸多因素构成的复杂结构，其中任何一项因素的变化都可能影响其他因素，甚至引发整个系统的变革。这种变化可能源于教学研究，使我们对教学有了新的认识，并自觉运用于教学实践，从而推动教学实践的变化。然而，只有在教学理论指导下的教学方法改革，才能真正改变现有的教学实践，甚至引发教学的深刻变革。缺乏改革，教学系统容易陷入封闭和僵化，失去原有的活力。改革不仅要恢复这一活力，更重要的是使教学系统保持开放状态，如同活水般源源不断，从而让教学实践的探索永葆生机。

教学方法改革应成为教师专业发展的助推剂，助力其成长。它不仅要唤醒教师对教育活动的新认知，更要求他们突破固有的教学技能与习惯，在传承多年的教学传统中，以新理念和激情实现创新。课堂不仅是教师个体生命价值的体现场所，更应彰显其自身发展需求。参与教学方法改革，教师需深刻领会改革精神，学习教学理论，调整角色定位，改变教学策略，从而不断提升专业自觉性，实现自我超越。教学方法改革的终极意义在于促进学生幸福、健康生活。在当前改革中，学生的幸福与健康不仅是其基本权利，更应成为改革的出发点。

（三）教学方法改革的主要目标

教学方法改革改什么，有哪些内容？需明确的是，高校教学方法改革，尤其是医学院校的改革，重在"激发"——激发学生的学习兴趣与热情，启迪创新思维。目前我国高等教育仍以课堂讲授为主，辅以讨论、习题、实验、实习等。调查显示，约一半课程的课堂教学未能令学生满意，主要问题在于教学方式呆板、单调，教师"一言堂"，照本宣科，单向灌输知识，不问学生接受效果，即所谓"注入式"教学。学生对这种课程缺乏兴趣，好学生被动记笔记，差学生则打瞌睡、刷短视频、玩游戏，甚至逃课。此外，教师授课内容艰深难懂，条理不清，缺乏重点，语言晦涩，也加重了学生的厌学情绪。学生不愿在学习中投入过多思考，也不愿独立完成任务，这制约了教师的教学方法改革。其次，师生之间缺乏互动，教师教、学生学，彼此很少交流，教师甚至不知学生姓名，除了通过考试，对学生学习情况一无所知，更谈不上因材施教。因此，教学方法改革的目标主要是激发学生的学习兴趣与热情，提升其自学能力，启迪其创新思维，培养其分析与解决问题的能力；同时贯彻因材施教原则，既能根据全班情况选择适当教学方法，又能针对学生个性给予特殊指导，充分发挥其个体优势与潜力。这是极高的要求。为实现这一目标，需摒弃"注入式"，推行"启发式"，并促进师生互动，实现课内外结合。

教学方法改革涉及多种教学方式的运用与革新，主要包括：Sandwich教学法，即教师引导学生参与课堂讨论、习题、实验、实习和课题研究等活动的穿插进行；角色扮演教学法，根据教学要求设计逼真的工作情境，学生扮演相应角色，按照设定岗位的职能及人际关系处理各种事例；案例教学法，以案例为基础提出教育中的两难情境，不预设特定解决方案，教师在其中扮演设计者和激励者的角色，鼓励学生积极参与讨论；以及产学研结合的合作教学模式等。此外，考试与考核方法的改革也属于此范畴。这些方法应根据课程和教学要求灵活应用，改革需有计划、有组织地推进。当代脑科学和认知科学的成果为教学方法革新提供了新的观念、理论和契机，我们应通过试验来学习和掌握这些新方法。

三、教学方法改革的基本原则

坚持立德树人，牢记为党育人、为国育才使命，充分发挥教育评价指挥棒作用，引导确立科学育人目标，确保教育正确发展方向；坚持问题导向，从党中央关心、群众关切、社会关注的问题入手，破立并举，推进教育评价关键领域改革取得实质性突破；坚持科学有效，改进结果评价，强化过程评价，探索增值评价，健全综合评价，充分利用信息技术，提升教育评价的科学性、专业性和客观性；坚持统筹兼顾，针对不同主体、不同学段和不同类型教育特点，分类设计、稳步推进，增强改革的系统性、整体性和协同性；坚持中国特色，扎根中国、融通中外，立足时代、面向未来。具体原则如下。

1. 主体性原则

教学方式方法改革应充分发挥教与学的双主体作用。在改革方案制定、推行、评价与反馈环节中，既要激发教师教学积极性，又要尊重学生感受与意见，确保教师主导性与学生主体性得到充分体现。

2. 协调性原则

教学方式方法改革是一项系统工程，应与教学内容改革、选课方式改革、考试评价方法改革以及课堂教学质量评估紧密结合，统筹考虑，整体规划，协调推进。

3. 科学性原则

教学方式方法改革需要进行科学的顶层设计并制定完善的改革规划。改革应注重学生知识、素养与能力的全面提升，重视因材施教，激发学生的创新意识与创新能力。

第二节　教学方法改革的实施

一、影响教学方法改革的因素

（一）影响教学方法改革的社会环境因素

在教育改革中，教学方法的革新是不可或缺的重要组成部分，而教育本身也是社会结构中不可或缺的一个环节。因此，社会环境因素必然对教学方法的改革产生深远影响。

1. 社会教育政策对教学方法改革的影响

2019 年，为深入贯彻落实全国教育大会精神和《中国教育现代化2035》的总体部署，全面贯彻新时代全国高等学校本科教育工作会议和直属高校工作咨询委员会第二十八次全体会议精神，教育部发布了《关于深化本科教育教学改革全面提高人才培养质量的意见》。该文件强调坚持立德树人，围绕"学生忙起来、教师强起来、管理严起来、效果实起来"的目标，深化本科教育教学改革，致力于培养德智体美劳全面发展的社会主义建设者和接班人。2021 年，教育部又印发《普通高等学校本科教育教学审核评估实施方案（2021—2025 年)》，对"十四五"时期普通高等学校本科教育教学审核评估工作作出整体部署和制度安排。这是在 2014—2018年审核评估总体完成后，教育部在教育强国战略背景下启动的新一轮审核评估，是深化新时代教育评价改革、推进教育督导改革的重要举措。

2. 社会经济发展对教学方法改革的影响

教育作为一种意识形态，必然受到社会经济发展状况的制约。作为教育的核心，教学方法改革也必定与经济状况密切相关。具体表现为：经济领域的持续发展不断提高对劳动力素质的要求，进而促使培养目标发生转变；不同地区的经济发展差异也深刻影响着各地教学方法的变革。教育发展的规模和速度在一定程度上受到社会经济发展状况的制约，因为教育作为一项社会活动，其发展需要坚实的物质基础作为保障。因此，社会经济发展状况会对教学方法改革产生重大影响。此外，社会经济结构的变化必然引发社会教育结构的变革，这就要求我们根据社会经济结构的不断变化，及时调整课程结构，确立能够促进社会发展的教学方法。随着社会的持续进步，当代经济的发展模式已从依靠物资、资金的物力增长逐步转变为依靠人力和知识资本的增长模式，人力资本正逐渐成为经济增长的关键。在这样的背景下，确立何种教学方法来培养学生、形成人力资本，已成为当前亟待研究的重要课题。

3. 社会科技发展水平对教学方法改革的影响

在 21 世纪的今天，信息化社会已然来临。在社会变革的过程中，教育发挥着越来越重要的作用。作为一种培养人的活动，教育的发展水平、速度与规模都与当下社会科技发展水平密切相关。反言之，教学方法的不断变革与教育的持续发展，也会在一定程度上促进社会科学技术的发展。

（二）影响教学方法改革的校园环境因素

1. 学校对教学方法改革的影响

首先，理论教学与实践不匹配。高校教育教学的根本任务是立德树人，培养契合社会发展需求的高素质、高质量人才，其工作重心应放在教学方法改革与教学模式优化上。然而，由于多种因素的制约，教学在高校发展中的中心地位受到影响，导致高校出现"理论上重视，实践上轻视"的现象。

其次，科研与教学失衡。由于高校学术成就、专业奖励与教学业绩的联系不够紧密，容易导致高校出现轻教学重科研的问题，教学方法难以被广大教师所重视。

再次，在高校管理的过程中，缺乏对教法改革的支持。通常，高校管理过于关注教学的程序与规范，轻视教学的特性，导致教师教学评估出现程式化、刻板化、同一化、统一化、简单化的问题，致使教师因恐惧较差的评价结果而畏惧进行教学方法改革。

最后，忽视了教师发展与学术的关系。教师发展通常指教学发展，然而由于高校过于强调学术，认为学科研究才是学术，普通教学并非学术，从而弱化了教师的发展维度，导致教师出现只注重学科研究而轻视教学的现象。

2. 教师对教学方法改革的影响

首先，存在思想观念偏差。部分教师认为高校教学改革主要体现在教学内容与课程体系的调整上，而教学方法改革对整体教学效果的影响有限，因而忽视了其价值与作用。其次，教师对教法改革的责任意识较弱。部分教师缺乏"提升教学实效"的积极性与责任感，未能充分认识到教法改革对学生成长与发展的重要意义。再次，教法改革的支持力度不足。在信息技术快速发展的背景下，教法改革需要结合教学内容、教育需求、社会发展等多层次因素，确定教学方法的适配性，从而从学生角度提升教学质量与效率。然而，高校在理论、技术及资源供给方面难以为教师提供必要的支持，导致教法改革的质量和效率较低，难以发挥其应有的育人作用与价值。最后，教师教学方法改革能力有所欠缺。高校教师对教学方法的实践与理论知识缺乏深入学习，仅局限于特定领域的理论探究，导致其对课程发展、新型教学及教育理论的认识不足，难以有效推动教学方法改革工作。

3. 学生对教学方法改革的影响

首先，高校学生普遍习惯了教师的灌输式、填鸭式教学方法，其学习能力、经验及经历决定了他们更倾向于接受这种教学方式。若开展教学方法改革，学生可能会出现不同程度的不适应，进而影响教学实效。其次，学生并不青睐需要投入较多精力与努力的教学方法。现代教学改革倡导的参与式、讨论式、探究式、启发式等教学方法，均要求学生付出更多努力，因此学生在心理与行动上往往难以认可这些新方法。再次，学生惧怕"需要改变学习方式"的教学方法。参与式、探究式等方法要求学生转变传统学习方式，通过探究与研究深化知识。然而，学习方式的改变可能会影响学生的学习效率，导致适配性问题，因而学生对教学方法的更改常怀有抵触情绪。最后，新型教学方法要求学生具备自主探究、学习及优化知识的能力，并积极参与课堂交流与师生互动。但由于部分高校学生缺乏自主性、积极性及自律性，新型教学方法的实施效果受到严重影响。

二、教学方法改革的主要措施

教学方法改革需持续优化课程结构，加强医学与人文、工学、理学、基础与临床、临床与预防等领域的融合，推进以问题为基础的学习（PBL）和以案例为基础的学习（CBL）等多种教学方式的整合式教学，并深化以器官系统与临床问题为中心的课程体系改革。早在1966年，美国部分医学院校便已采用PBL教学方法。然而，通过对美国医学院校近年发展现状的调查发现：尽管超过70％的医学院校在临床前期课程中采用PBL、CBL等教学法，但在医学基础理论课的教学中，绝大多数院校仍以讲授为主，仅有不到40％的院校将PBL、CBL应用于基础理论课的教学，且使用PBL、CBL超过正规教学时间一半的院校不足6％。近年研究表明，美国各医学院校的教学方法正从"单一使用PBL（CBL）"向"PBL（CBL）与课堂讲授相结合"的模式转变。我国医学院校在未来的教育教学改革中，需对PBL、CBL等教学法进行准确定位，使其成为传统课堂讲授的合理补充。在需要系统掌握理论知识的医学基础课程中，应更加重视传统课堂讲授，以确保学生奠定扎实的理论基础，同时适度采用PBL、CBL等教学法，使其成为传统教学的有力补充。在临床课程教学中，则应根据课程内容和教学目标，有选择地运用PBL、CBL等方法，通过病例讨论和个案分析等方式，促进学生自主学习，并在获取医学知识的同时，提升其沟通交流与团队协作能力。总体而言，教学方法改革可归纳为四大主要措施。

（一）转变传统教育思想观念

医学院校教学方法的改革与创新，首先需要转变传统的教育思想观念。教师在课堂讲授知识时，并非讲得越多越全面就越好，学生也并非听得越多、记得越多就越好。教师在传授知识的同时，还应潜移默化地培养学生的自主学习思维和爱国主义思想。学生在专心听讲的同时，应具备怀疑、批判和创新的精神，培养对知识的独立思考能力。只有当高校教师和学生共同转变传统的思想观念，教学方法的改革才能全面贯彻实施，真正深入人心。

（二）激发教师对教学改革的热情

教师作为教学改革的设计者，在教学改革过程中起着决定性作用。可以说，任何教学改革都离不开教师的积极参与。因此，学校应做到以下几点。

1. 激发教师对教学改革的热情

高校应高度重视教学改革，对教学计划的实施灵活掌握，允许在一定范围内进行调整，避免生搬硬套，为教师进行教学改革提供更大的空间。

2. 加大教学改革的资金支持，积极组织教改科研项目的立项与实施

为深入推进教育教学改革创新，建议从以下几个方面加大支持力度：一是设立专项教学改革基金，在年度财政预算中单列教改经费，确保资金投入的持续性和稳定性；二是优化教改项目申报评审机制，建立分层次、分类别的立项体系，重点支持具有创新性和示范性的教改项目；三是特别关注青年教师发展，通过设立"青年教师教学改革孵化计划"，提供专项经费支持、专家指导和成果推广平台，帮助青年教师实现教学创新构想。同时，完善激励机制，对取得显著成效的教改成果给予表彰奖励，并在职称评定、评优评先等方面予以政策倾斜，全面激发教师参与教学改革的内生动力，营造崇尚创新、鼓励探索的教学改革氛围。

（三）调动学生参与教学改革的积极性

需要明确的是，学生是教学改革的主角，教学改革的实施离不开广大学生的参与。高校在入学教育时就要让学生认识到：传统教学方法培养的人才将难以适应未来社会对人才的要求，也无法满足经济社会发展的需求，在未来的工作中容易被取代甚至淘汰。积极参与教学改革，对学生未来的发展和自身素质的提升具有重要意义。此外，高校还需加大对教学方法改革的宣传力度，让学生充分认识到其重要性。例如，组织各类社团深入学生中进行广泛宣传，举办教学方法改革的知识竞赛、调查问卷和讨论活动等，以吸引更多学生的关注，激发他们参与教学改革的热情。

（四）建立完善高效的管理制度和科学规范的教学评价体系

教学改革的推进离不开学校政策的引导与支持，而制度的完善程度直接影响着师生参与改革的积极性。完善的制度和公平合理的评价体系蕴含着无穷的生机与力量，而制度的核心在于执行与落实。要在精细化管理中不断优化制度，逐步实现科学化、规范化与制度化，从而确保学校教育教学质量的提升。学校在进行教学改革时，必须制定完善的管理制度并建立科学规范的教学评价体系，将教学改革作为核心工作，营造重视教学创新的氛围。特别是在年终考核、职务评聘、晋级、奖励等方面，应将教学改革作为教师评估的主要指标。科学规范的教学评价体系不仅要统计教师教学改革工作的数量，还需监控教学过程、评估教学质量与效果，并对学生成绩进行评定。总之，完善高效的管理制度与科学规范的教学评价体系将为教学改革提供持续的动力支持。

三、教学方法改革的实施效果

（一）国际医学院校教学方法改革的实施效果

1. 美国加州大学洛杉矶分校（UCLA）医学教育

（1）UCLA 医学教育模式为精英化教育　UCLA 的医学生主要来自综合性大学的文、理、工科及艺术类本科毕业生。虽然对毕业生的专业背景没有特定要求，但他们必须修满计算机、数学、英语、生物、物理、化学、统计学、人文和社会科学等相关课程的学分。学生需通过严格的美国医学院入学考试（MCAT）方可申请进入医学院学习。每年，UCLA 从约10000 名面试申请者中仅录取约 170 名学生。这些学生在成为住院医生前，还需通过全美职业医生资格考试，由此可见 UCLA 医学教育的品控极为严格。

UCLA 医学教育资源丰富，医学院拥有 2000 多名在职员工，部分实验课程的师生比甚至达到 1：3。图书馆及网络资源丰富且使用便利。本科毕业生相对成熟，学习目标及职业规划明确，学习动力极强。此外，学生具备出色的自学能力。美国从中小学阶段便开始培养学生的自学能力，初中和高中阶段没有班主任督促学习，全凭学生自觉。无法自觉学习的学生难以进入大学，而完成大学课程后方可申请进入医学院成为临床医学生。被选拔的学生本身已是经过严格筛选的尖子生，再经过 4～5 年的学习后，可获得临床专业博士学位。以上均为 UCLA 医学精英教育的基础。

（2）课程设置　医学院学制为 4 年，课程设置分为 3 个阶段：

第 1 阶段（第 1～2 年）：以理论课程为主，主要学习人类生物学和疾病；

第 2 阶段（第 3 年）：进入临床实习阶段，学习临床基础课程并进行临床技能培训；

第 3 阶段（第 4 年）：进入专科研究阶段，进行职业生涯规划（包括高级临床技能培训、疾病诊断及进入学院学习）。根据临床推理和诊断方法，学生可选择进入 5 所学院之一深造。

理论课程整合了基础、临床和社会科学的内容，注重激发学生自主学习能力，帮助其提前了解临床工作，建立临床思维并激发创新。课程分为 9 个模块，包括基础医学、心血管系统、肾脏系统、呼吸系统、消化道系统、内分泌系统、免疫学及生殖系统、医学神经科学、肌肉骨骼医学。多数模块的教学时长为 6～9 周。

理论课的主要学习形式如下。

问题式学习（PBL）教学方法：PBL 以问题为基础，采用小组讨论形式进行，每周 2 次，每次 2 小时，是最主要的教学形式。

课堂讲授：讲授时间每周不超过 10 小时。

实验课程：包括形态学课程实验、机能学实验和临床课程实验。其中，临床课程实验通过大量使用人体模型和模拟患者进行问诊来完成。

此外，大学活动还包括以临床技能和临床决策为重点的入门课程、晚间研讨会和学术活动。

2. 马里兰大学基础医学教学创新方法

马里兰大学始建于 1856 年，是一所位于美国马里兰州的世界顶尖综合性高等学府，也是美国最好的 20 所公立大学之一。其创新性的教学方法和高质量的社会服务赢得了广泛的国际声誉。

教学转型中心是马里兰大学的重要教学创新载体，它将教学作为"课题"进行研究，注重教学相长和科学评估，更加强调学生的学而非教师的教。该中心极力提倡教学平等的理念，认为教学不应仅依赖某些数据，而应通过学生的积极参与来帮助教师提升教学效果。针对不同背景的多元化学生，科学地进行课程设计，确保每个学生拥有平等的机会，并以实际成效指导教学决策。

马里兰大学的教学通常根据现阶段取得的成效动态设立下一步目标，通过制定多元化的教学项目，如确定教学方向、更新课程设计、开展研讨会及一对一咨询或观察等，努力将学生培养成教师的得力助手。此外，马里兰大学特别注重优良教学环境的创建，其教学环境包括以下四个方面。

高期待值：旨在迈向卓越教育。

强有力的监督：通过校长管理、学生上传计划等方式检查教学水平，确保教学符合学校标准。

教学训练和网络教学资源支持：依托强大的网络资源，注重课堂以外教学活动的开展。

奖励和认可：设立"感谢老师周"，学生可写信感谢有影响力的老师，获奖老师受邀参加学校典礼，通过学生认可优化教学环境。

教学评估是马里兰大学人才培养的重要环节，涉及的评价指标包括教学环境系统性、教学内容相关性、教学行为有效性及评估体系合理性等。评估方式通常分为如下三类。

课堂直接评估：学生通过"回答→讨论→再回答"的方式评价教学，帮助教师改进教学方式。

同行反馈评估：同行进入教室进行调查，了解教学手段等，并通过专门的反馈卡打分或回答问题，最终上传分数。

期末教学评估：学生利用便携式反馈器在课堂上评价教师，评价指标包括教学准备、教学效率、教师对学生的尊重等。

此外，在期末时，可在全校范围内调查学生对其得分的满意度。这种学生反馈机制旨在帮助教师改进教学，而非充当"教学警察"。评价结果由各系、中心具体运用，以决定奖惩。在美国，终身制教授每六年需提交一份工作记录，由管理部门进行评估，并决定其资质的延续。合同制教师则通常以数年为一聘期，他们需提供教学记录，并可从事科学研究。教师享有教学自由，可直接对学生的学业进行评估，尤其是终身教授，他们可自主设定教学考核的环节和方式。学生学业的过程性评价通常包括：过程测试（课前测试 12～13 次、课堂测试 20 次，合计占成绩的 23%）、写作任务 6 次（占成绩的 18%）、考试 3 次（占成绩的 43%）以及项目（占成绩的 16%）。美国医学教学创新涉及多个方面，其运行机制顺畅。知识的获取、共享以及学习环境等多途径互动均有助于培养学生的创新能力。对于我国当前的医学院校教学创新方法，以下一些方面值得思考。

积极发挥教师"身教"的影响力。"授人以鱼不如授人以渔"，教师不应局限于教室或实验室，而应积极带领学生参与产品研发、技术攻关、公司兼职、科技帮扶等创新创业活动，通过切身体验激发学生的创新热情。

积极推行体验式教学。利用暑假社会实践和专业见习等机会，允许学生通过不同方式开展产学研用，并积极引导学生参与导医或医患沟通。

利用毕业论文及大学生创新创业训练计划项目等，对学生开展科研创新活动。通过参与科学研究、学习实验技能、掌握仪器操作等方式，培养学生的实践创新能力。

创建科研兴趣小组。教师可招募本科生进行相关科学探究，培养学生查阅文献、科学实验、数据分析、文献调研及论文撰写等技能，并指导学生参与相关技能竞赛，增强其科研思维能力，反哺课堂教学。

大力提升直属医院的教学创新能力。医学人才的培养离不开医院，高校直属医院在协同育人方面发挥着关键作用。直属医院应加快更新教学观念、强化教学意识、改革教学方法、改善教学效果，提高教学质量。

（二）西医类院校教学方法改革探索

1. 北京协和医学院临床医学专业基础医学课程教学方法改革的尝试

北京协和医学院作为我国最早实施八年制医学教育的高等医学教育机构，始终重视基础医学教育的桥梁作用。该阶段衔接医学预科教育与临床医学教育两大模块，在医学生职业能力培养中具有战略性地位。近年来，我校依据国家医学教育改革指导性文件，持续推进基础医学课程教学创新。

（1）将基础医学教育与临床实践深度融合　传统教学方法中，基础课由基础教师讲授，临床课由临床教师讲授，这容易导致基础课程与临床课程内容脱节。为此，北京协和医学院结合学科特点及其在临床学习中的作用，充分发挥基础研究与临床实践的双重优势，组建跨学科教学团队，推动基础与临床的课堂深度融合。

以人体解剖学为例，学校邀请临床一线教师参与教学，组建基础与临床相结合的创新教学团队，开设"面向临床的解剖学讲座"和"解剖学手术操作示教"。这些课程由解剖学教师与手术科室、影像科室教师共同完成，并充分利用学校丰富的标本资源，采用 4 名学生共用 1 具标本的教学模式。教学过程中注重理论与实践结合，以学生动手解剖为主、教师讲授为辅，理论课与实践课学时比例达 1∶2，既夯实基础知识，又对接临床实际需求。

为深化学生对解剖学的理解，课程还增设解剖学绘图教学内容，并引进专业教师进行指导。在考核评价方面进行创新，将学生每年的解剖学绘图作品汇编成册，并纳入考核评分体系。

对于病理生理学、医学遗传学等与临床密切相关的课程，同样采取基础与临床深度融合的模式。病理生理学课程邀请北京协和医院、阜外医院等机构的主任医师参与授课，采用 CBL 教学法，将临床病例讨论贯穿全程。医学遗传学课程则围绕典型病例，邀请临床医生从基础与临床两个维度深入讲解。

药理学课程则采取"纵向临床整合、横向学科交叉"的教学方法，既邀请临床医生讲授临床用药知识，又联合生物化学、医学微生物学等基础学科教研室，共同开展药物基因组学、抗生素耐药等专题教学。这种改革不仅强化了学生对药理学与其他基础学科联系的理解，也为未来临床实践打下坚实基础。

（2）将传统授课与自主学习深度融合　医学知识的更新日益迅速，作为未来的医疗工作者，必须掌握自主学习的方法，具备提出问题、解决问题及深入研究的能力。北京协和医学院在课堂教学中持续探索传统授课与自主学习的深度融合，着力提升八年制学生的自主学习能力。例如，解剖学和组织学与胚胎学系建立了网络学习平台，将传统面对面授课转变为线上教学，实现了从单通道单向学习到多通道双向学习的模式转变，取得了显著成效。

除常规的信息化教学手段外，北京协和医学院在基础医学课程教学中还开展了多项创新实践。医学免疫学课程设有"免疫学论坛"，在完成基础知识讲授后，学生可自选课题，在教师指导下利用 3～4 周时间查阅文献，撰写综述或翻译外文著作，并制作 PPT 进行 30 分钟的课堂报告（要求着正装、仪表端庄，约1/3学生采用全英文汇报），随后进行 10 分钟的问答讨论。优秀文献综述经教师修改后可在《中国医学科学院学报》发表。

医学微生物学课程在传统教学基础上，推行框架式学习方法，指导学生掌握知识体系的构建与分析技巧。学生分组进行框架式自学，最终以英文 PPT 展示学习成果，教师给予专业点评。组织学与胚胎学课程则引入临床病例讨论，课前发放胚胎学相关病例供学生自主研究，课堂展示病例并讨论畸形成因，由临床与胚胎学教师联合指导，促进基础知识与临床实践的有机结合。

这些教学改革有效培养了学生的多项核心能力：包括知识框架构建、学习计划制定、团队协作、学术汇报、科研写作等，同时帮助学生养成终身学习习惯和学业自我评估能力。

（3）将经典理论与国际前沿深度融合　21 世纪生命科学与生物高新技术的迅猛发展，正在推动人类疾病预防、诊断和治疗手段发生革命性变革。人工智能、移动医疗、基因组学及系统生物学等前沿研究成果正加速应用于临床实践。鉴于医学教育具有超前性、周期性和延续性特征，其发展必须与理学、工学等现代科学保持同步。为此，北京协和医学院在临床医学专业基础课程教学中积极推动医理交叉融合，率先开设生物物理学和生物医学工程两门特色课程。

生物物理学作为物理学与生物学的交叉学科，致力于揭示生物体物质、能量与信息的时空运动规律，为临床影像学和物理诊疗学奠定理论基础。协和医学院组织开设的这门课程，目前是全国临床医学专业中独树一帜的创举，特邀国内顶尖综合大学及科研机构的权威专家共同参与教学。

在生物医学工程课程建设方面，协和医学院同样走在前列。自 1988 年国内首创该课程以来，始终致力于培养学生医学工程素养与新技术学习能力，为其未来与工程领域专家开展协作奠定基础。课程内容持续更新：既参照国际最新原版教材调整知识体系，又邀请科大讯飞等人工智能领军企业的技术专家，以及康奈尔大学、京都大学等国际知名院校的生物医学工程学者参与授课，确保前沿技术成果及时融入课堂教学。

2. 北京大学医学部基于问题的混合式教学模式在医学免疫学实验教学中的设计与应用

北京大学医学部基础医学院免疫学系初明团队研究了基于问题的混

合式教学模式在医学免疫学实验教学中的设计与应用效果。研究选取北京大学医学部 2017 级八年制基础医学专业 96 名学生为对象，随机分为新模式组与传统模式组各 48 人。通过采用基于问题的教学方法（PBL），结合线上线下混合式教学模式开展医学免疫学实验教学，并对学生的学习表现、效果及考核成绩进行统计分析。结果表明，相较于传统模式，新教学模式能显著提升学生的学习积极性，培养科研思维与团队合作精神，深化实验内容理解并提高实验考核成绩。研究证实：基于问题的混合式教学可有效提升医学免疫学实验教学质量，为教学改革提供了新思路。

医学免疫学是以免疫系统为核心的实验科学，涵盖基础免疫学、临床免疫学及免疫学技术等内容，作为医学类各专业的基础课程，是连接基础理论与临床实践的重要学科。其实践性强，通过实验教学能帮助学生理解理论知识，激发学习兴趣与主动性，培养科研思维，对医学生素质培养具有重要意义。传统医学免疫学实验教学侧重指导学生掌握基本原理与操作，学生按既定内容、方法及步骤完成实验验证并撰写报告。这种模式缺乏创造性，弱化了学生主观能动性，不利于培养问题分析与解决能力。为改善这一状况，实验教学方法改革势在必行。

新教学模式采用 PBL 方法，以"如何检测小鼠体液免疫功能"为研究问题，有效调动了学生学习积极性。分组讨论过程锻炼了学生的沟通能力，强化了团队协作意识，并深化了对体液免疫功能理论的理解。学生在此基础上自主设计实验方案，通过细胞免疫荧光试验、ELISA 和 PFC 等技术分别检测小鼠 B 细胞数量、血清 IgG 浓度及特异性抗体产生能力。实验过程中，学生借助线上平台自主学习实验目的、原理及操作，并在实验课中就疑难问题与指导教师深入交流。完成实验后，学生分组整理结果、分析数据，并按学术论文规范撰写实验报告。

在新模式教学组中，87.5% 的学生认为医学免疫学实验生动有趣且易于理解，83.33% 的学生掌握了在科研中运用医学免疫学实验的技能，

93.75%的学生提升了沟通与团队协作能力。相较传统教学方法，新模式能有效激发学习积极性，培养科研思维，增强团队合作意识，深化对实验内容理解，并显著提高实验考核成绩，从而全面提升医学免疫学实验教学的质量与效果。基于新时代医学教育"整体优化、强化基础、培养能力、提高素质"的目标，教研组系统推进了实验教学改革：优化教学内容、搭建线上教学平台、完善保障体系，并创新性地采用了基于问题的混合式教学方法，取得显著成效，为深化实验教学改革提供了宝贵经验。

3. 四川大学华西医学院"探究式－小班化"教学模式的应用

四川大学华西临床医学院的赵呈智等在教学实践中发现，传统大班教学存在教学方法单一、课堂秩序欠佳、学生参与度不足、学习动机弱化等弊端。研究表明，单一的接受式学习难以满足医学生培养需求，需将接受式学习与发现式学习有机结合，实现优势互补。"探究式－小班化"教学模式以培养医学生临床能力和职业素养为目标，旨在促进学生全面发展。这种教学模式突出学生主体地位，加强师生互动，在保留大班教学优势的同时，显著提升了医学生的学习成效和兴趣。

为提升"内分泌与代谢疾病（双语）"课程的教学质量，该课程在理念、设计、资源、考核等方面进行了系列创新：采用中英文双语灵活切换的教学方式；将理论教学与临床见习、TBL/PBL等多元实践形式相结合；建立以研究生助教辅助教学的形成性评价体系。课程评估显示，师生对改革效果均持肯定态度。但在改革过程中也发现，课程中心的题库建设尚需加强。完善的题库系统不仅能减轻教师负担、客观评估教学效果，更能帮助学生进行自主学习和检测。在题库建设中，可适当参考执业医师考试模式，帮助学生提前适应考试形式。此外，教研室还计划增设口试环节，通过口头应答和自主总结，强化学生对知识的掌握。

尽管"探究式－小班化"教学改革日益受到重视，但仍存在本土化研究不足、理论概括欠缺、具体情境研究匮乏等问题。通过对该课程改革经验的总结，希望能为今后相关教学改革提供有益参考。

（三）中医药类院校教学方法改革探索

1. 北京中医药大学翻转课堂与案例教学法相结合

北京中医药大学东方医院检验科张慧芸团队对"翻转课堂"与"案例教学法"的融合应用进行了探索，基于医学实验诊断学的教学现状，提出了一种自主学习和实践相结合的新型教学模式。研究选取北京中医药大学三个不同班型的两个年级开展对照教学，并通过形成性评价体系对教学效果进行评估。结果显示，采用不同教学方法的两个年级间学生成绩差异具有统计学意义（$P < 0.05$）。研究表明，翻转课堂结合案例教学能有效激发学生学习主动性，充分挖掘学习潜能，培养临床思维能力，为临床实践奠定基础。

医学作为实践性极强的学科，实验诊断学既是连接多学科的边缘学科，也是基础医学向临床医学过渡的桥梁课程，是临床医学专业的必修科目。医学生作为未来临床工作的主力军，其培养不仅需要夯实理论基础，更需强化实践技能，这对教学模式提出了更高要求。翻转课堂作为一种新兴教学方法，通过重构课内外学习流程，让学生在课前完成自主学习，课堂集中解决关键问题，已成为近年教学改革的研究热点。案例教学法起源于20世纪初哈佛大学医学院，强调理论与实践相结合，秉持"以学生为中心、教师为主导"的理念，能显著提升教学效果。

本研究基于方法融合的理念，将翻转课堂与案例教学有机结合：案例教学可作为翻转课堂知识内化的有效途径，解决课堂设计难题；翻转课堂则能弥补案例教学课时不足的局限。成功的翻转课堂必须坚持"学生主体、教师主导"的原则，在实际应用中需深入把握教育本质，探索适合中国国情的实施路径，避免形式化倾向，才能真正提升教学成效。

研究者所在教研室在慕课与精品课程录制方面经验丰富，实践证明这类课程易于实施且效果良好，并非翻转课堂的实施难点。翻转课堂的核心在于增强师生互动与个性化沟通，其真正难点在于课堂内促进知识内化、提升知识吸收效果的教学设计。因此，如何通过高效的课堂交流深化认知、解决深层次问题，是翻转课堂需要突破的关键环节。

在该模式下，学生改变了传统"课上听讲、课后作业"的学习方式，形成"课前自主学习－发散思考－带着问题进课堂"的良性循环。教师则更关注学习过程中的问题反馈与知识转化，通过师生协同探讨深层次问题及知识应用，促使学生获得深度理解。案例教学通过小组交流讨论培养发散思维，强化知识理解与内化，实现"学用结合"，尤其有利于培养医学生的临床思维与技能。

将翻转课堂与案例教学相结合，可全面提升学生的学习能力与综合素质：学生通过课前自主学习养成良好习惯、提升学习能力；教师采用互动式案例教学引导学生参与讨论，指导其综合运用知识分析临床问题，充分激发潜能，促进知识内化为持久能力，为未来学习与职业发展奠定坚实基础。

2. 广州中医药大学 PBL 教学法与 CBL 教学法结合

广州中医药大学第二临床医学院季卫强等学者研究发现，以问题为导向的教学法（PBL）和案例教学法（CBL）等新型教学方法虽受教师群体广泛关注，但单独应用时均存在局限性。为此，研究者尝试探索将 CBL 与 PBL 有机结合的创新教学模式。这种融合式教学法有望在提升学生学习效率与兴趣、巩固理论知识、培养自主学习能力及塑造中西医结合诊疗思维等方面取得更好效果。实施过程中需重点把握四个环节：精选典型临床案例并设置难度适宜的问题、系统培训学生文献检索技能、科学划分学习小组及合理安排讨论时长、持续提升师生综合素养，从而最大化发挥该教学法的优势。

作为中医类学科的核心临床课程，中西医结合内科学兼具知识体系庞杂和中西医理论融合的特点，不仅是临床各学科的基础，更是执业医师资格考试及研究生入学考试的重要考核内容。这就要求师生必须具备扎实的中西医理论基础，才能有效掌握这门关键学科。

在医学临床课程教学中，PBL 与 CBL 具有独特价值：前者采用问题导向的小组讨论模式，以学生为主体、教师为指导，着重培养问题发现、资料检索及问题解决能力；后者通过临床真实案例的解析，引导学生运用基础知识进行疾病诊疗推演，促进临床思维的培养。然而单一教学法各存短板——单纯 PBL 教学可能弱化临床思维训练，难以准确评估知识掌握度，且不易维持学习兴趣；而孤立采用 CBL 教学时，临床新手因经验欠缺易陷入自学困境，耗时过长可能导致浮躁情绪。

通过两种教学法的优势互补与深度融合，不仅能显著提升中西医结合内科学的教学效能，还可有效改善传统理论教学与学情脱节的问题，在强化团队协作意识、提升中西医结合实践能力等方面具有突出价值，为培养高素质复合型中医人才提供有力支撑。

（1）临床案例及问题的选取　CBL 教学法以临床案例为切入点，以解决实际问题为目标，引导学生运用所学知识及文献检索能力完成案例的诊断与治疗，实现理论与实践的紧密结合。PBL 教学法则以问题为导向，采用以学生为主体、教师为指导的小组讨论模式。因此，案例和问题的选择至关重要，需兼具典型性与适度难度：既要避免过于复杂，也不能太过简单，应选取能代表教学目标且难易适中的临床案例与问题。具体而言，应参照中西医结合内科学教学大纲对学生掌握疾病的要求，从临床常见病种和典型问题中筛选合适的教学案例与问题。

（2）课前文献检索的进行　在上课前 2～3 天通过班级微信群将资料发给学生，要求学生运用文献检索工具搜集资料，开展案例分析与问题解答。因此，学生需掌握文献检索的相关知识和技巧，确保能在规定时间内检索到所需答案。在实施新教学方法前，建议有条件的情况下对学生进行文献检索培训，以促进教学方法的顺利推进。

（3）学生分组及讨论时长的把控　采用 CBL 教学法联合 PBL 教学法时，教师需合理组织学生分组讨论。因受课时限制，应科学确定每组人数及讨论时长。具体分组方式及时间安排需综合考虑班级规模、学生水平、课程进度等因素，以有效提升学生的团队协作、归纳总结及临场应变能力为目标进行设计。

（4）师生综合素质与能力的考量　教师除须具备扎实的专业功底外，还应及时跟进学科前沿动态，精准分析学生问题并提供针对性讲解，同时融入学科最新进展。该教学法要求学生能够灵活运用中医基础理论、诊断学、中药学、方剂学，以及西医生理解剖、病理生理、诊断学基础、药理学等跨学科知识，掌握文献检索技能，并具备团队协作、信息整合与临场表达能力。因此，该教学法对师生的综合素质与能力均有较高要求。实践表明，只有当师生均具备较高综合素质时，才能充分发挥 CBL 联合 PBL 教学法的优势。综上所述，整合 CBL 与 PBL 教学法有助于提升学习效率、激发学习兴趣，促进学生夯实理论基础、培养自主学习能力及中西医结合诊疗思维，进而提高中西医结合内科学的教学质量。实施过程中需注重选择典型临床案例与难度适宜的问题，加强学生文献检索培训，合理配置讨论小组与时间，持续提升师生综合素养，方能最大化该教学法的实施效果。

第四章　中医药院校教学方法改革

教学方法是课程与教学改革发展的关键抓手。进入"十四五"规划时期，我国教育改革将迎来充满挑战与机遇的新阶段。在此背景下，新境界、新教育、新教学、新方法等成为教育理论研究者和实践工作者必须把握的发展契机。特别是在时代转型过程中，以促进学生主动发展为核心的课堂教学范式转变，更需重点关注教学方法的趋势与走向。

第一节　中医药院校教学方法改革存在的问题

高等中医药院校肩负着培养高素质中医药文化传承者、为国家和社会输送优质中医药医疗卫生人才的重要使命。随着医疗技术的快速发展，新知识、新技术层出不穷，这对中医药高等教育人才培养质量提出了更高要求——医学生不仅要掌握专业医药知识，更需要学会科学的学习方法，具备独立获取知识和发展综合素质的能力。传统教师课堂授课模式已难以适应当今社会对医学生的培养需求，因此在医学教育中，既要重视基础知识教学，还需强化实践技能培养，这对教学模式提出了新的挑战。目前国内多数中医药高等院校的教学模式相对滞后，亟须改革，但在教学方法改革过程中也暴露出诸多问题。

一、教学内容相对单一与学生需求多样化的矛盾日益凸显

我国中医药具有深厚的历史底蕴，中药方剂和医学典籍数不胜数。因此，如何在大学有限的学习时间内让学生更好地掌握中医药知识，成为中

医药院校教学改革面临的重要课题。相较于其他科学性学科，中医药更容易给学生留下刻板、冗杂的印象。如何激发学生学习兴趣、帮助他们理解晦涩难懂的知识，是教学方法改革的两大难点。

由于我国现代化教育起步较晚，课堂教学设备相对落后，数字多媒体技术在中医药教学中普及度不高。许多经验丰富的老教师不习惯数字教学模式，而年轻教师虽采用多媒体教学，但课堂互动性和趣味性仍显不足。传统中医药课堂以教师讲授为主，学生被动接受知识，师生缺乏有效互动，导致学生学习积极性不高，甚至产生厌学情绪。

在传统教学模式下，教师是课堂核心，采用单向"注入式"教学，学生缺少讨论和实践机会。这导致许多学生形成不良学习习惯：课堂上机械记笔记，课后死记硬背，只关注卷面考试，缺乏深入思考。随着时代发展，学生接受新事物的能力远超上代人，传统教学理念与学生需求之间的矛盾日益凸显。

目前，中医药院校实践教学多集中于经典实验的重复验证，学生往往只掌握基本操作而未能理解实验设计思路、原理及数据分析。缺乏对实践过程的系统思考和理论反思环节，难以培养学生的创新意识。因此，教师应注重培养学生对实验的整体把握和探索精神，引导他们通过实践自主解决问题，从而提升实践能力和创新思维。

二、教学内容深奥且无法联系实际生活，不能引起学生共鸣

中医药学是我国古代科学的瑰宝，在中华民族数千年的历史积淀中孕育而生。我国中医药文化独具特色，拥有自成体系的医学思想和理论体系，其发展源于人们的生活实践与医疗探索。自神农尝百草起，古代医者对医药的探求都始于实地考察——李时珍为收集药物标本和处方踏遍数十个地区，历时二十七载方完成《本草纲目》的编撰。古代药学家对中药的认知始于亲手触摸的第一株药材，医学家对疾病的理解则始于"师傅"诊治的每一个病例。相较之下，现代中医药学生的学习往往局限于书本知

识：一边是具象的药材实物，一边是抽象的文字描述，这正是当下中药专业学生难臻精熟的要因。从中医药院校整体教学现状来看，多数院校未能为学生设计丰富新颖的制药实验与临床实践，也鲜少引入典型的中医诊疗案例。例如：中药学教学仅以图文形式呈现，学生难以真切体会"四气五味"的内涵；中医学课程多采用语言描述与模型展示，使"阴阳五行"的实质变得晦涩难懂。这种教学方式难以激发学生的学习兴趣，而中医药教学的内容与方法恰是培养学生文化认知、增强文化自信的关键渠道。优质的教学不仅能帮助学生树立正确的三观，更能促进其专业能力与核心素养的全面提升。应当加强学生视、触、听、嗅等多感官训练，科学设计实践教学环节，真正做到理论与实践相结合，使枯燥的文字转化为鲜活的体验，让中医药文化知识真正融入现实生活。

三、重理论而轻实验，实验教学模式单一化

中医药院校开设的中医药学科课程主要包含三部分：中医药知识课程、技术辅助课程和素质拓展课程。其中，中医药核心课程与技术辅助课程必须安排科学实验以满足教学要求，这些课程的教材重点知识通常需要通过经典实验加以验证。合理的实验设计能帮助学生获得对知识综合、多角度的理解，这正是实验教学的优势所在——针对性与综合性并重。

然而在具体教学中，多数教师更侧重理论知识的传授，无论是课堂讲授还是作业布置，理论教学都占据较大比重。目前中医药院校普遍存在实验教学模式单一的问题：常见做法是教师示范后让学生模仿练习，或是直接播放实验视频。这种传统的"你讲我做"模式既难以激发学生的科研兴趣，又因提前知晓实验结果而阻碍了创新思维能力的培养。实验教学的本意是帮助学生深入理解知识原理，为专业学习奠定理论基础，但过度偏重理论教学导致实践环节被弱化，教师对实验教学的重视程度自然不足。

因此，教师应当顺应国家和社会发展需求，更新教学理念，开拓思

路，根据不同学科特点调整教学方案，丰富课堂内容。在确保学生掌握理论知识的前提下，应加强实践操作以深化理解。教学过程中需着重培养学生发现、分析及解决问题的能力，激发创新意识，提升其设计、实施实验方案的应用型技能。

四、课程成绩评定不合理、不客观、不准确

在大多数中医药院校中，本科课程的成绩评定方式缺乏客观性。例如，理论学习成绩优异的学生与动手能力突出但不擅长记录的学生，在刻板的评定标准下往往得不到公平对待，导致教师只能"照章办事"。存在的主要问题如下。

1. 课程成绩评定未能"因课制宜"

这是当前高校教师普遍关注的问题。统一的评定标准无法激发教师的主观能动性，应根据不同课程类型采取差异化考核方式。建议允许学生在一定范围内参与考核方式的讨论，并公开评定细节及进度，避免教师单方面决定。

2. 评定方式难以真实反映学习效果

现行评定方式产生的分数存在水分：认真完成作业的学生得分未必高于抄袭者；一些勤勉听讲、按时完成作业并能理论联系实际的学生，可能因期末考试成绩不理想而被误判为差生。这些现象在各类课程中普遍存在。

3. 阶段性考核缺失导致总成绩占比失衡

阶段性考核本是评估学习效果的重要工具：理想结果说明教学模式适宜，不理想则可及时调整。但在中医药院校中，教师多依赖期末考试来评判学习效果，对平时表现、学习态度等过程性评价关注不足，缺乏针对性的阶段性考核机制。

五、过度依赖现代仪器设备的检查，中医临床思维相对薄弱

数千年前，中医就已在中国历史上诞生。那个时代既无显微镜、超声

技术，也无生化检验等微观层面的理论和研究，但我们的祖先通过望、闻、问、切等手段同样能治疗疾病、挽救生命。随着现代科学发展，西医凭借先进医疗手段逐渐取代了中医在人们心中的地位。不可否认，西医的检查手段能直观反映病理情况，治疗方式简单快速。如今中医也在运用相同技术为患者服务——任何医学的进步都必须不断吸收日新月异的科研成果，才能更好地提高人类生存质量。

中医的独特价值在于其经过长期实践积累，已形成完备的理论体系。"阴阳五行""望闻问切""藏象学说"等理论精髓是现代检测手段无法替代的。中医能通过人体气、神等特征在疾病早期做出诊断，而西医检测往往要等到细胞发生病变才能观察到。因此，中医学生应当扎实掌握临床技术，避免过度依赖西医检测手段。

当前部分中医药院校毕业生未能将现代检查手段与中医临床思维有机结合。究其原因，先进仪器已成为医学诊断的主流方式，这是科技发展的必然趋势。中医应当合理吸收这些技术，但在运用时必须与中医临床思维紧密结合。要培养灵活的思维转换能力：使用中药时切换至中医思维模式，采用西药时则转为西医思维模式——这种能力完全可以通过训练获得。

对中医而言，现代仪器仅是辅助诊断的工具。作为中医药院校教师，我们应当指导学生将现代检查手段与中医理论相融合，在提升临床技能的同时增强民族自豪感，真正实现学以致用。

六、中医药院校的教学改革设计重视"教"而忽视"学"

当前，中医药教学仍以理论知识传授为主，采用统一的教学计划和方案。尽管部分科目的教学内容会随社会发展相应调整，但传统课程体系在中医药院校中保持相对稳定。教师在备课时主要聚焦于知识点的讲解，更强调"教"的过程，而较少研究如何引导学生主动学习。课堂常呈现教师疲惫讲解、学生被动记录的局面——学生普遍认为只要笔记完整就能通过考试，鲜少反思课程的实际收获，逐渐适应了这种填鸭式教育。部分教师直接套用固定教案，仅以考试通过率为教学目标，忽视培养学生思考能力。由于课堂思考时间不足，课后自主学习空间有限，教学过程中教师始终占据主导地位，学生陷入被动接受的状态。这种灌输式教学既无助于深化医学知识理解，也不利于培养综合思维能力与自主探索精神。此外，教学评价体系过度侧重教师"教"的表现，而忽略学生"学"的成效——仅凭考试成绩评判教学质量，未能考查理论知识转化应用的实际效果。这种传统模式抑制了学生的独立思维发展，阻碍了自主学习能力的培养，最终削弱了学生的学习积极性。

七、院校在教育方法改革实施上，呼声大但落实难

目前高校开展的教学方法改革，多以教师和学科为单位在单门课程中进行尝试，具有较强的针对性，但未必适用于其他课程。因此，教学方法的调整需综合考虑学习内容、学生特点、师资力量等多方面因素。教师应对相关因素加以总结，合理优化教学方案；学校则应给予教师更大的自主空间，避免仅关注结果，而应结合实际情况进行全面评估。需注意的是，教改方案的实施需进行充分的前期准备，不可急于求成，学校应科学规划改革进程，为教师预留思考时间，保障学生表达权利，并提供必要的行政支持。真正提升人才培养质量的教学改革，不能仅依赖教师个体努力，而需要教学模式、管理体制、硬件设施、师资建设等多维度的协同推进。然而多数高校难以面面俱到，导致部分有价值的教改方案未能获得领导重视，造成资源浪费；部分创新方案因设施条件不足而难以实施，最终被迫搁置。由此可见，尽管高校普遍认同教改的重要性，但由于牵涉面广、环节复杂，实际推进仍面临诸多困难。

第二节　中医药院校教学方法改革的深化

高校教学方法不仅关系着创新人才的培养，更直接影响其培养质量。

教学质量取决于学生、教师、教学内容与教学方法这四个相互制约、相辅相成的要素。作为教学过程中的核心环节与基本问题，教学方法的选择将显著影响学生创新能力的发展——不同的教学方法会产生截然不同的教学效果，而恰当的教学方法能有效促进学生创新能力的提升。当前，传统教学方法因其固有局限性已难以适应社会发展需求，不利于培养创新型人才。因此，探索教学方法改革路径、提升教学质量、实现教育规模与质量协同发展，已成为高校和社会共同关注的重要课题。

一、整合信息平台资源，打造网络教学空间

当今，我国互联网事业飞速发展，中医药院校教师必须提升网络教学空间的应用能力。教师应充分利用课余时间整合数字化教学资源，构建在线教学空间，并及时更新自身知识体系，借助庞大的网络资源获取更全面的教学素材，从中提取有价值的信息，快速把握学科前沿动态。此外，教师可通过互联网教学平台发布教学资源与任务，与其他教师交流互鉴，实现优势互补；同时运用社交软件与学生保持平等互动，实时掌握学习情况并调整教学内容，从而提升教学效率与质量。

传统中医药课堂教学中，知识获取途径单一，教室作为主要教学场所，是师生交流的核心平台。若学校未能构建完善的信息平台，教学内容更新将滞后于社会发展，传统教学模式往往受制于时空局限。如今，便捷的网络环境深刻改变了知识获取方式：既延伸了课堂边界，又拓宽了学习渠道；既丰富了教学资源，又打破了时空限制。高校亟须建立优质教育资源共建共享体系，扩大课堂容量——这既是高等教育的发展趋势，更是信息化时代推进高等教育的必由之路。

网络教学相比传统模式具有显著优势：集中教学时长、节约空间资源、降低教学成本。但要求教师更科学地设计教学方案，合理规划进程，精准把控节奏，凝练知识精髓。例如采用任务驱动法，将教学内容分解为若干层次分明、逻辑清晰且难度适中的活动单元，既能保持学生的学习热

情，又能促使其主动完成学习任务。只有当学生全身心投入学习后，教学评价才更具科学性、真实性和可靠性。网络教学各环节紧密衔接，使课程结构更紧凑，同时为学生提供充分的小组学习与自主探究空间，促进知识碰撞与知识体系构建，真正实现学生在教学过程中的主体地位。

二、实现线上线下教学有机结合，合力打造师生教学共同体

教师应充分运用互联网技术优化课堂教学，同时在课程准备阶段做好教学设计，统筹规划线上线下教学内容。线下教学通过面对面授课，教师能直观掌握学生的知识掌握情况；线上教学则需有效利用学校网络平台，将平台资源切实融入教学实践。教师应拓展课外交流渠道，开放师生讨论区，促进互动共进。

借助线上平台，教师可督促学生按时完成作业与测验，并根据作答情况及时评分，既节约纸质资源又提升效率。学生可随时查看批改结果并请教疑问，教师则将其纳入平时成绩考核。此外，教师可通过平台发布拓展资料、电子书籍及教学视频，激发学生的自主学习兴趣；亦可利用平台随机分组功能，分配小组任务，引导学生协作探究。

在混合式教学中，教师兼具教学活动主导者与师生共同体构建者的双重角色，需通过线上指导帮助学生适应新模式，依托网络平台推动学习能力提升。高校网络信息平台建设需多方支持，中医药院校尤需政策、资源与外部力量保障。教学管理部门应持续投入经费支持资源建设，并针对混合教学的高成本特点，完善教师工作量核算及激励机制。

当前高校管理制度仍以传统授课为主，线上线下融合模式尚缺乏配套政策。学校各部门需协同推进，为新教学模式制定系统化规范。

三、改革教学评价方式，建立科学规范的成绩评定体系

科学的成绩评定体系能够全面反映学生在校综合发展状况，客观体现教师教学水平，为学校质量提升和课程优化提供有效依据。要实现这一目

标，学校与教师需制定科学规范的配套措施，确保改革方向切实指向教学质量提升与学风建设。因此，成绩评定改革必须准确衡量学生的知识掌握程度。

基于此，学校应着力构建科学规范的评价体系：改革传统教学成果评估方式，将考试成绩仅作为评价体系的一个组成部分，建立过程性评价与终结性评价相融合、主观评价与客观评价相补充、定性分析与定量考核相结合的多维评价体系。实现从单一知识型评价向综合能力型评价的转变，重点考查学生的综合素养。具体评价内容可涵盖：学生的课堂参与度、文献检索能力、问题分析与解决能力、课堂发言质量及团队协作精神；教师的知识广度、人文素养、教学态度及课堂把控能力等。

四、注重"学法"结合，应用启发式和讨论式教学方法

1. "研究教"与"研究学"相结合

教师在传授知识的同时，要注重对学生学习方法与研究方法的指导，重点培养学生的学习能力、实践能力和创新能力，引导学生实现三个转变：一是学习动机的转变，帮助学生建立合理、纯正且明确的学习目标；二是学习方法的转变，通过提供丰富的学习资源培养学生的自学能力；三是思维倾向的转变，激发学生的求新求异思维，通过言传身教带领学生积极探索与发现。

2. 要从以教师为中心转变成以"老师 + 学生"为中心

教师教学不仅要注重课本知识的讲解，更要重视学生学习能力的培养。在确立人才培养目标时，需确保其合理性与精准性，并根据学生的实际接受情况建立动态改进机制。在开展启发式、讨论式教学过程中，应从单一的教师主导转变为师生互动模式，构建教学相长的学习共同体。既要引导学生掌握课本知识，更要培养其获取知识的能力，使其理解科学的学习规律与方法，同时注重知识、能力与非智力因素的协调发展。在此过程中，学生需承担更多学习责任，教师则应着重指导学生掌握学习方法与研

究方法，培养其发现问题、分析问题与解决问题的能力。

五、开展发展的、开放的、动态的教学方法质量评价指标体系研究

传统的教学方法质量评价指标体系本质上是静态的综合评价体系，即在教学质量测评的各个阶段均采用固定指标和统一评价方法。然而，教学活动具有动态特性，不同阶段的评价目标与重点各异，相应的评价指标也应呈现动态变化特征。已有学者提出应当构建发展的、开放的、动态的教学质量评价指标体系，其具体表现为：体系中的一、二级指标可根据评价对象、目标和阶段的差异进行动态筛选与管理，并随教育价值观及社会人才需求的变化持续完善；评价维度和权重比例亦可动态调整，以适应不同考核需求。具体而言，不仅需要针对不同评价时段设置差异化指标，同一指标在不同时段的权重分配也需有所区别。通过开发配套的教学质量综合评价系统，可实现指标动态调整、权重配置、数据计算与统计分析等工作的自动化处理。

六、实现理论与实践相结合

当前高校教学存在一个普遍问题，即过度重视理论教学而忽视实践环节。若教师过分偏重课堂教学，势必导致教学形式单一化。对于中医药院校而言，如何平衡理论与实践始终是个难题。实际上，理论与实践各具独特价值且分工明确，割裂看待二者关系固然错误，但强行杂糅亦无建设性意义。二者的真正结合（或区分）体现在教学主体对课程重心的把握——某门课程更侧重理论抑或实践。例如，在"解剖学""病理学""外科学"等实践性较强的课程中，教师应增加实验课时与考核比重，同时院校需强化与医院、企业的合作，搭建实践平台。而对于纯理论课程，教师则应着重培养学生的自主学习能力——这本身也是一种实践形式。理论与实践相结合互通不仅是长期复杂的系统工程，更需要有效路径与机制来实现：如

组建理论教师与实践教师的互动团队，推动学术机构与校企合作，由此激发思想碰撞。在此过程中，教育政策作为关键的转化纽带，能有效促进理论、实践与政策三者的协同发展，推动教学体系从各自为政走向共生共融。

第三节　中医药院校教学方法改革前景展望

一、信息技术与教学方法深度融合

今天，我们正处在科技全球化的新时代。科学技术的飞速发展，尤其是网络数字技术和人工智能领域的突破，使人类的生产生活方式发生了深刻变革。这一变革对高校教学方法改革也产生了深远影响。

一方面，网络信息时代为教育带来了更广阔的拓展空间。互联网的快速发展为教学开辟了新途径，如慕课、翻转课堂、智慧教室等新型教学模式。另一方面，众多高校推动网络信息技术与教学方法的深度融合，打破了传统单一的教学模式。这种融合新型信息技术的教学方法不仅能激发学生的学习主动性和认知潜能，更能培养学生的创新探究精神，为教师主导的差异化教学和学生中心的个性化学习提供了有力支撑。

然而值得注意的是，虽然信息技术具备良好的教学辅助功能，但在大部分中医药类院校中，其应用效益尚未得到充分发挥。因此，推进信息技术与教育教学的深度整合显得尤为重要。

二、课堂教学模式由传统转向现代

我国高校教学课堂正由传统模式向现代模式转变，主要体现在两个方向：其一，从教法转向学法，即将课堂主体由教师转向学生。为学而教的教学理念催生了适学课堂，其本质是构建以学生为中心的学习场域，形成师生学习共同体。这种新型课堂形态已成为许多高校教改的主要方向。

其二，以系统方法论指导教学模式转型。现代课堂应秉持以学定教而非为教而教；教学目标从知识传输转向能力培养；教学方案由结果导向转为过程参与；师生关系从主客教授变为平等对话；教学评价由单一标准发展为多元体系。这些结构性变革需要以教学方法为抓手，系统制定改革计划，推动教学思维向非线性、对话式、创新性方向发展。

未来高校课堂将实现教师角色从知识传授者到学习引导者的转变，学生从被动接受者到主动建构者的转换。在教改过程中，学生的中心地位将更加凸显。通过科学的教学方法，学生能深化对学习过程的认知，师生对话、探究式学习、合作学习等新型模式将取代"填鸭式"教学。此外，教学过程将更加注重公平性，实施差异化评价，使教学更具活力，最终实现"让每个学生都获得充分尊重与指导"的教育理想。

当前，中医药高等院校正积极响应国家号召，投入大量资源推进教改。作为高校改革的核心环节，教学方法改革需要各院校立足实际情况，结合社会需求，充分发挥自身资源优势，探索适合本校发展的改革路径。

第五章　Sandwich 教学法

第一节　Sandwich 教学法概述

一、Sandwich 教学法的概念

（一）Sandwich 教学法的定义

"三明治式"（Sandwich）教学法是医学类高等院校常用的一种教学方法，因其能够有效结合医学基础理论与临床实践而广受教师青睐。完整的 Sandwich 教学法包含七个环节：课程导入、分组讨论、交叉讨论、小组汇报、教师讲授、金鱼缸案例分析及总结与反馈。这七个环节贯穿"实践 – 理论 – 再实践"的知识学习主线。其中，分组讨论和小组汇报是学生在教师未进行理论教学前，仅依靠自身知识储备共同解决教师预设问题的实践探索过程；而金鱼缸案例则是学生在接受教师理论讲授后，基于前期经验开展的第二次实践探索。两次实践环节之间穿插教师理论讲授，形成类似"三明治"的结构。德国海德堡大学最早将 Sandwich 教学法引入课堂，践行"学习 – 实践 – 再学习"的培养理念。因此，该教学法通常指在课堂中贯彻"实践 – 学习 – 再实践"思想的教学形式。

（二）Sandwich 教学法的背景

Sandwich 教学法最早由英国职业教育领域提出，顺应了英国快速工业化发展的时代需求。英国桑德兰技术学院首创的"实践 – 学习 – 再实践"教学模式，通过理论与实践的交替结合，满足了资本主义繁荣期对高实践能力人才的迫切需求。该方法将实践能力培养前移至大学理论学习阶段，

高效利用学习时间，使毕业生能迅速适应工业化生产需求。改革开放后，为满足社会发展对实践型人才的需求，Sandwich 教学法引入我国，其鲜明的实践特色备受高校尤其是医学院校教师的推崇。经过多年借鉴与创新，学术界已积累丰富研究成果，并培养出一批精通该教学法的专家。这些研究者基于自身成果，系统性地开展全国教师培训。例如，2012 年至 2014 年，华中科技大学同济医学院受全国高等医学教育学会委托，成功举办 6 期 Sandwich 教学法专题培训班。

（三）Sandwich 教学方法与思政课

思政课改革创新必须坚持"八个相统一"，其中 Sandwich 教学法是实现理论性与实践性相统一的有效方法。将思政小课堂与社会大课堂相结合，通过理论与实践的交融，引导学生将人生抱负转化为实际行动。采用 Sandwich 教学法开展思政教学，能够在理论讲授过程中，反复培养学生运用马克思主义基本原理解决实际问题的能力。该方法不仅注重马克思主义理论的实际运用，更是善用社会大课堂的重要教学手段。将 Sandwich 教学法与思政课有机结合，能显著提升新时代思政课的思想性、理论性和感染力，既彰显思政课"以理服人"的本质特征，又能将道理讲透讲活。

二、Sandwich 教学法的主要特点

（一）学生深度参与教学过程

Sandwich 教学法包含四个需要学生主动参与的核心环节：学生讨论、交叉讨论、学生汇报和金鱼缸案例分析。这些环节约占教学总时长的三分之二。相较于传统灌输式教学，该教学法不仅确保每位学生都能参与课堂互动，更使每个学生的学习进程与教学内容紧密关联。根据教学要求，学生在参与过程中的综合表现将作为过程性考核的重要依据。在学业评价（分数）的激励下，学生的学习兴趣得以有效激发，其主动性和积极性自然显著提升。

（二）学生主导学习进程

在金鱼缸案例教学环节，学生需运用教师讲授的专业理论和方法，解决教师精心设计的一至两个具有隐蔽性和争议性的案例。这类案例通常留有充分的讨论空间。学生往往需要综合运用大部分知识点才能完成案例分析。在教师的引导下，通过对问题的深入探究，学生在强烈求知欲的推动下通常能成功解决问题。每次问题解决都会带来显著的进步体验和成就感。教师仅在当前问题解决后才会引入新问题，从而使课堂进程主要由学生自主推动。

（三）依托开放式教学平台

Sandwich 教学法的小组讨论和交叉讨论环节采用动态分组机制，学生座位按规则随机编排，分组组合具有随机性。为最大化教学效果，需要学校提供开放式教学平台支持。该平台能高效完成多次分组，最大限度减少因座位调整造成的课堂时间损耗，并确保学生在不同团队中始终保持协作解决问题的积极性。由于每次分组成员不同，新观点持续涌现，学生往往会主动搜集论据维护自身观点。当遇到分歧时，激烈的思想碰撞更能激发创新火花。

三、Sandwich 教学法的应用意义

（一）赋予理论教学实践意义

Sandwich 教学法吸引教师广泛采用的关键，在于它能赋予理论教学仿实践的原始特征。理论教学侧重专业理论的系统讲解，旨在帮助学生扎实掌握学科基础理论，为未来工作提供知识支撑。其难点在于理论性强，学生常困惑于这些知识能解决哪些实际问题。脱离实践的理论易显枯燥，而Sandwich 教学法恰好满足学生对理论即时应用的需求——无论是分组讨论还是金鱼缸案例，均围绕具体问题展开，所需知识均来自专业基础理论体系。

（二）激发理论课堂的生机活力

Sandwich 教学法强调学习者间的思想碰撞。从首次分组讨论到金鱼缸案例，每个环节都是共识达成的过程。在形成共识前，每位学习者皆可展示独特观点。在崇尚个性的时代，维护自身观点近乎学习者的本能。通过回应教师预设问题，学习者既能主动表达见解，又需灵活运用终端设备检索佐证材料。这种思想交锋使课堂始终洋溢着探讨的热忱。

（三）确立学习者的主体地位

Sandwich 教学法的突出优势是促使学习者深度参与并主导课堂进程。参与程度取决于其专业知识的掌握水平，结论质量则关联着判断力与决策力等素养。由于个人表现直接影响小组成绩（间接决定个人成绩），整个教学过程中，每位学习者都真正成为学习的"主人"。

第二节　Sandwich 教学法的运用

一、Sandwich 教学法的实施步骤

Sandwich 教学法包含固定环节，每个环节都需在规定时间内完成相应教学任务。教师可根据专业课程特点对各环节进行优化调整。

（一）课程导入

教师通过特殊案例、突发事件或趣味病例等方式，用约 5 分钟时间迅速吸引学生进入课堂。该环节旨在激发学生学习兴趣，增强学生解决问题的主动性，其内容必须与本课时教学内容紧密相关，可涵盖课程的核心问题或重要理论。

（二）第一次分组讨论

将班级学生分为 5 组（每组 5 人为宜），各组围绕教师预设问题展开讨论，共同寻求最优解决方案。本环节限时 15～20 分钟，重点在于通过讨论促成小组成员的共识。

（三）第二次分组讨论

将第一次分组的成员重新分配至不同小组。新组员须分享原小组的讨论成果，并接受其他成员的质疑或挑战。本环节用时 10～15 分钟，其核心是通过汇报与互动，使全班学生对所有问题形成基本认知，促进教学内容的全面掌握。

（四）学生汇报

学生返回原小组，整合第二次讨论的意见，修订首次达成的解决方案并重新形成共识。随后推选代表，通过板书展示向全班汇报最终方案。本环节限时 10～15 分钟，着重锻炼学生的总结能力、表达能力和书写能力。

（五）教师讲授

教师根据前两个讨论环节的观察与参与，结合教学重难点，快速评估学生知识掌握情况，动态调整授课内容。随后围绕重新确定的重点，系统阐释理论（40～50 分钟），核心目标是扫除学习障碍，厘清知识脉络。

（六）金鱼缸案例

本环节旨在通过运用所学理论解决教师设定的具体问题，以检验学生的学习效果。实施时需重新分组，每组随机选出一名学生参与案例分析讨论。其余学生围坐观摩，全程观察被选学生的解题过程。若对解决方案有异议，可在讨论达成共识后进行质疑。本环节时长一般为 25～30 分钟。

（七）教师反馈

教师需结合讲授与讨论情况，简要归纳本课时应掌握的基础理论与重点知识，帮助学生明晰教学要点。同时可预告下阶段学习内容及相关背景知识，指导学生课后延伸阅读，以提升后续课堂效果。本环节时长一般为 5 分钟。

二、Sandwich 教学法在思政课中的运用

（一）Sandwich 教学法与思政课

灌输式教学是当前思政课教学的常用方法。深化新时代学校思政课改革创新，仍需合理运用灌输式教学法。但需注意，该方法最显著的缺陷在于学生处于被动接受状态。思政课教学既要坚持灌输，也要注重启发，引导学生将马克思主义理论观点方法运用于解决实际问题。在 Sandwich 教学法的思政课堂中，每位学生都能充分发表见解、批驳不同观点，真实展现自我认知。小组讨论与交叉讨论环节尤为突出：当本组共识遭他组否定时，成员们会积极查阅资料论证己方观点，同时认真倾听他组意见，试图找出其论证漏洞予以反驳，并在此过程中不断修正自身观点——这正是马克思主义理论越辩越明的生动体现。Sandwich 教学法使学生获得被尊重的体验和学习的成就感。值得注意的是，为吸引关注，学生常常提出新颖独特且兼具科学性的观点。更重要的是，这种教学法能让学生深刻领会合作的价值与竞争的实质。

（二）Sandwich 教学法在"思想道德与法治"课程中的运用

以《思想道德与法治》（2021 版）第一章"领悟人生真谛把握人生方向"为例。本章教学重点在于阐明"服务人民、奉献社会"的高尚人生追求，引导学生辩证看待人生中"得与失、苦与乐、顺与逆、生与死、荣与辱"五组矛盾关系。授课对象为中医学 5 + 3 班（58 人）。

1. 课前准备

（1）分组　提前 3 天通过学习通平台采用随机分组方式，将班级划分为 6 个小组，依次编号为 A、B、C、D、E、F 组。组内成员编号为 A1、A2……A9（根据实际人数），其余各组编号规则相同。

（2）预先设计题目　基于教学内容和专业特点，设计以下 6 个研讨问题。

A. 中医学是否应引入现代科学技术？

B. 评价中医药从业者人生价值的标准是什么？

C. 学习中医药的得与失有哪些？

D. 当前中医药从业者存在哪些错误的人生观？

E. 中医 5＋3 专业的培养目标应如何设定？

F. 疫情防控中中医药的重要作用说明了什么？

上述问题需提前 1 天发送至学习委员，由其在班级群内发布，确保学生充分准备。

2. 课中讲授

（1）课程导入　通常采用案例导入方式。针对本章内容，可引用殷忠勇在《自然辩证法通讯》（2020 年第 6 期）《何去何从：当代中医学发展的路径之争及知识学反思》一文中的论述：近代以来，中医学对现代科学的迎合与引入，究竟是一种自我改良与挽救，还是一种技术戕害与阉割？抑或是 21 世纪后，中医学自我觉醒的主动选择？事实上，中医学者的种种努力均指向同一目标：在现代科学与文化语境中维护中医的生存空间，消弭对抗与冲突以赢得发展机遇——这是中医在救亡图存、谋求复兴过程中的必然追求。该段论述实质探讨了如何正确看待中医这一社会命题，由此自然过渡到人生观的教学主题。

（2）分组讨论　首次分组时，A 组负责讨论 A 问题，B 组负责讨论 B 问题。各小组达成共识后，进行二次分组。分组规则为：编号含数字"1"者归为第 1 组，含"2"者为第 2 组，以此类推；无编号变动者保持原组别。第二次讨论中，各组代表需汇报首次讨论形成的共识，并接受其他组成员的质询。

（3）汇报　第二次讨论结束后，学生返回原始分组。各组成员需简要回应质询意见，完善既有共识。最后由组长用不超过三个关键词，向全班展示经修订的共识成果。

（4）讲授　教师结合各组汇报情况，系统分析学生对教学内容的掌握程度，进而全面、深入地讲解课程内容，确保教学效果的生动性与透彻性。

（5）全鱼缸案例 本章教学重点在于引导学生树立"服务人民、奉献社会"的高尚人生追求。教师在阐释人生价值评价标准及"认真、务实、乐观、进取"的新时代人生态度后，以《中华人民共和国医学生誓言》为案例，解答"中医药大学生应树立何种人生观"这一核心命题。该问题的本质在于"培养致力于中医药守正创新的社会主义建设者和接班人"。临时答辩小组由 A1、B2、C3、D4、E5、F6 组成，其余学生全程观摩。

3. 课后复习

课后为学生布置了三道复习巩固题：①结合自身实际，谈谈中医药从业者个人价值与社会价值的关系。②当前中医药发展迎来最佳机遇期，从业者应如何正确处理面临的人生矛盾？同时推荐以下延伸阅读材料：《为人民服务》（毛泽东，《毛泽东选集》第三卷，人民出版社 1997 年版）；《习近平的七年知青岁月》（中央党校采访实录编辑室，中央党校出版社 2017 年版）；《习近平与大学生朋友们》（本书编写组，中国青年出版社 2020 年版）；张鹏《论德性与人生观教育的互动》（《教育评论》2012 年第 2 期）；《科学与人生观》（亚东出版社 1923 年版）。

第三节 Sandwich 教学法的应用体会

一、Sandwich 教学法的注意事项

（一）讨论环节是关键

在 Sandwich 教学法中，分组讨论环节是决定教学实效的关键环节，最能体现教师的引导作用与学生的主导地位。可以说，只要教师能有效引导学生完成分组讨论，Sandwich 教学法的效果就能得到基本保障。分组讨论主要考查学生运用专业知识解决实际问题的实践能力，其本质是通过模拟实践来强化理论应用。该教学法包含三次分组讨论：第一次分组讨论、交叉讨论和金鱼缸案例分析。

1. 第一次分组讨论

该环节旨在检验学生的基础知识掌握程度，要求其运用既有知识储备解答教师预设问题。此时学生尚未接触当堂课程的理论知识，甚至缺乏相关背景知识。面对问题时，学生通常先通过网络或小组讨论寻求解决方案。虽然学生倾向于独立通过网络查找答案，但教师设计的问题往往难以依靠网络解决。多数难题仍需通过小组讨论完成。

本次讨论实质上是对学生知识储备与综合运用能力的考核。教师设置的问题通常需要学生整合专业知识才能做出基础判断，提出合理方案。讨论的完成标准是小组就教师预设问题达成最佳共识。若未达成共识，讨论须持续进行。

2. 交叉讨论

在首次讨论达成共识后，需重新分组以确保每位学生都能接触所有预设问题的初步解决方案。本阶段重点考查学生向其他组员汇报本组共识的能力。精准传达小组观点至关重要，汇报人需对其他组员提出的异议作出合理解释或修正共识。

通过交叉讨论，学生能掌握所有预设问题的解决方案，既巩固了既有知识，也实现了同伴间的相互学习。

3. 金鱼缸案例分析

金鱼缸案例分析环节是第三次分组讨论活动。分组采用随机抽取原则，旨在检验学生在经历首次分组讨论、交叉讨论及教师讲授后，对课堂理论知识的掌握程度。该环节由部分学生担任班级代表解决问题，其余学生则以旁观者身份参与这一复杂问题解决过程。

（二）Sandwich 教学法在医学类高校思政课中运用的难点

1. 讨论的深度不够限制了教学目标的达成

Sandwich 教学法在医学类院校的应用效果显著，无论是教师设计的小组讨论题目还是"金鱼缸"案例，学生都能熟练运用医学知识进行分析讨论并得出正确结论。然而在思政课教学中，学生知识储备明显不足，低年级学生这一特点尤为突出。这一现象可能与应试教育文理分科有关：医学院校学生高中阶段主要修习理工类课程，导致其人文社科知识——特别是历史学、社会学、哲学等领域——存在显著欠缺。当讨论教师设定的议题时，学生既缺乏基础分析方法，又欠缺必要的人文社科知识，致使讨论深度不足，往往停留在教材表层，论据单薄难以服众。最终教学目标难以通过讨论实现，教师不得不回归灌输式教学才能确保知识点传授。

2. 专业知识的缺乏影响思维的创新

Sandwich 教学法强调学生主动参与教学过程，通过自主学习培养创新思维和观念更新，其核心目标是运用多元视角和方法解决常规问题。但在思政课实践中，若学生缺乏思辨能力和发散思维，则难以在论述方法、材料选取、观点阐释等方面实现创新，甚至连续多节课都未能产生思想火花。学生讨论往往局限于普适性观点、常见材料和常规方法，只能进行浅层论证。这种状况导致思政课教学仅停留在教材基础内容层面，无法实现知识的延伸拓展和迁移应用。

3. 自由互动性强化了分化

在 Sandwich 教学法的汇报环节，各小组本应呈现差异化观点。然而思政课实践中，由于小组讨论和交叉讨论阶段采用自由发言机制，互动性虽强却易产生马太效应。思维活跃的学生常提出新颖见解并占据大量发言时间；而沉默寡言的学生被要求发言时，多会附和先前观点。更典型的是，当汇报小组发现前组论证精彩有力时，往往会推翻原有结论以避免显得思考不足。这种机制使得善辩者知识掌握更扎实，而表达能力弱者逐渐被边缘化，可能导致其丧失学习兴趣，最终使课堂沦为部分学生的个人展示平台。

4. 时空的局限性影响教学进程

在 Sandwich 教学法中，学生讨论占用过多时间，导致教师讲授时间不足。通常一次 120 分钟的课程仅能解决教材中少量问题，大部分教学内容需由学生在课后补充完善。对于专业性学校的思政课教学而言，学生普遍兴趣不高，课后主动复习者寥寥。这种课前不预习、课后不巩固的学习状态，仅依靠课堂短暂讨论，使部分学生难以掌握全部教学内容。由于学生参与教学环节耗时较多，整体教学进度明显缓慢。一个学期结束后，常出现基本教学任务未能完成的情况，致使部分学生难以通过终结性考评。此外，Sandwich 教学法需要配备开放式、多功能且设备先进的专业教室实施小班教学，但现实中标准化教室数量有限，且多为中班规模，这些客观条件限制了该教学法的实施效果。

二、Sandwich 教学法的应用心得

（一）教学平台建设是基础工程

Sandwich 教学法需要配备标准化的专用教室。该教学法的核心在于分组讨论与交叉讨论环节，每堂课需进行至少 3 次学生自由分组。在传统教室中，120 分钟的课堂内完成 3 次座位调换需耗费 5～10 分钟，这对宝贵的教学时间而言是难以承受的损耗。标准教室须具备宽敞空间和可移动桌椅，以适应快速分组需求。

与传统教室中教师主导讲台的模式不同，Sandwich 教学法要求教师大部分时间保持"隐身"状态，仅在理论讲授阶段担任主导角色。在标准教室内，教师可于特定观察区掌握各小组讨论动态，适时提醒讨论滞后的组别，也可加入任意小组进行引导性讨论，通过倾听不同观点来把握学生的知识掌握程度与分析能力差异。

这种教学法以分组讨论为核心实现教学目标。标准教室既能支持教学场地的灵活转换，又能保障学生自由交流的需求。学生通过"自由流动"机制，既可深化与观点相近者的讨论以解决预设问题，也能与观点相左者展开辩论、寻求共识。同时，学生可随时与"幕后"教师互动，实现教与学的动态平衡。

在标准教室环境中，"学习主体"可自主选择交流对象与合作方式，全程掌控学习进程。整个教学过程中，学生通过自主学习逐步发现问题、

共同探讨解决方案并形成延伸阅读共识。他们运用马克思主义基本原理，独立或协作解决政治、经济、社会、文化、环境及党的建设等综合性问题。这种教学模式有效培养了学生自主、主动、自觉及终身学习的能力。

（二）新时代思政课改革创新需要 Sandwich 教学法标准教室

人文类课程同样需要类似理工科实验室的专门场所来适应教学改革与创新，这是教育信息化发展的必然趋势。随着通信技术和设备的快速发展，学生获取知识的渠道逐渐转向网络，对教师系统化教学的需求相应减少。然而，这种以完成作业为导向的自学模式缺乏教师指导，其效果往往难以达到最佳。为弥补这一不足，教师（尤其是思政课教师）需要着力提升课堂吸引力。思政课 Sandwich 教学法标准教室既可支持中班授课，也能满足小班研讨需求。

新时代思政课改革始终倡导"中班教学 + 小班研学"的模式。Sandwich 教学法最适宜的班级规模约为 25 人，但在 50 人以内仍能有效实施。目前高校自然班规模普遍在 50 人左右，完全适用此法。可将 50 人分为 6 个小组，确保在规定时间内完成分组讨论任务。即使在"金鱼缸"案例研讨环节，也可组建不超过 10 人的临时小组集体分析案例，其余学员可围坐观摩。当围观学员对临时小组的解决方案有异议时，可随时加入讨论，或指出方案可能存在的疏漏并要求说明决策依据。

建设标准化 Sandwich 教学法教室具有重要意义。配备完善视听系统的教室能实时传播讨论焦点，视频回放功能还可用于复盘观点陈述，避免讨论中出现表述争议。鉴于各种教学方法都存在共性需求——都需要增强学生参与度、提供更多学习支持，这种标准教室也可兼作 PBL 教学和案例研讨的场所。

（三）思政课的思想性、理论性、亲和力和针对性完全可以通过 Sandwich 教学法实现

一直以来，思政课到课率偏低确实是不争的事实。究其原因主要有两点：一是学生整体学习兴趣下降，这种现象不仅限于思政课，其他课程也

存在逃课现象；二是思政课在教学内容、教材选用和课堂纪律等方面对学生缺乏足够的吸引力。Sandwich 教学法则能有效解决这两大难题。该教学法采用分组讨论形式，每组 5～7 人，需共同解决同一问题，且小组整体表现将决定每位成员的共同成绩。这种机制形成了成员间的相互约束，从而降低逃课概率——因为个人缺勤将直接影响小组其他成员的成绩。Sandwich 教学法要求学生在限定时间内，通过自主查阅网络或书籍资料，独立或协作完成预设问题。这既需要组员间紧密配合，又要求每个成员专注完成自己负责的部分，客观上减少了从事其他活动的时间。由于同班级各小组之间存在竞争关系（同一批作业的优秀率是固定的），当其他小组展示成果时，各组成员都会认真聆听，密切关注每组的完成情况。大家会暗自比较各组的差异，评估本组的相对水平。通过这种教学方式，思政课得以转变为真正属于学生的主场课堂。

第六章　角色扮演教学法

第一节　角色扮演教学法概述

一、角色扮演教学法的概念

(一) 角色与角色扮演

角色一词源于戏剧，《辞海》将其解释为："戏剧、电影等艺术作品中的人物（同脚色），也指戏曲演员专业分工的类别。"美国社会学家、社会心理学家及哲学家乔治·赫伯特·米德（G. H. Mead）最早将角色概念用于说明个体在社会舞台上的身份及行为，此后该概念被广泛应用于社会学与心理学研究。随着社会发展，角色一词逐渐扩展其内涵，用于描述社会个体在生活中的位置关系与行为模式，特指社会个体活动的特定范围及其地位相对应的权利义务与行为规范，体现社会对特定地位个体的行为期待，现也常用来指代社会生活中某类典型人物或事物。

《辞海》将角色扮演（Role-playing）界定为社会学用语，包含两层含义：其一指为适应需要，在自我角色范围内即兴或临时扮演他人角色以习得行为；其二指个体根据自身社会地位，合理结合权利义务以产生应有效果。角色扮演理念最早可追溯至古希腊教育家柏拉图（Plato）的教育思想，他认为幼儿游戏既是娱乐活动，也是教育过程。同为古希腊哲学家的亚里士多德（Aristotle）进一步主张，游戏应与参与者未来职业相关联，即游戏应是对未来工作的模拟。

近代心理学家让·皮亚杰（Jean Piaget）作为认知发展理论开创者，

指出认知发展是个体不断适应外部环境的过程，并强调不同年龄阶段需采用相适宜的游戏方式，重点在于通过游戏实现社会适应。1920 年，美国心理学家雅各布·莫雷诺（Jacob Levy Moreno）——心理剧疗法创始人及集体心理治疗先驱——将角色扮演引入心理治疗领域。莫雷诺认为角色置换是一种心理技术，能使个体体验他人社会角色并按该角色要求行事，从而增进对他人及自身角色的理解，帮助个体真实体验生活并掌握问题解决方法。通过这一过程，个体不仅能借表演抒发情感，还能学习新的行为方式以更有效地履行自身角色职责。

（二）角色扮演教学法

角色扮演教学法是根据学生专业特点及未来职业发展方向，设计与专业相关、职业相近的任务项目，让学生在模拟情境中针对各类可能发生的问题提出解决方案，从而掌握专业知识要点并学会实践应用的教学方法。该方法由美国社会学家范尼·谢夫特（Fannin Shaftel）和乔治·谢夫特（George Shaftel）在"关于社会价值的角色扮演"理论中提出，他们认为角色扮演能让参与者和观摩者都置身于真实情境，通过体验自身及他人想法，获得新的认知并掌握相关行为方式。20 世纪 80 年代该方法引入中国，现已在语言学、管理学、经济学、心理学乃至物理、化学、数学等多个学科领域广泛应用。相较于传统的板书式教学，角色扮演法更强调以学生为中心，能有效转变被动学习态度，提升创作热情与团队协作能力，加强师生互动，缓解学习焦虑。

（三）角色扮演教学法的主要类型

威廉·利托伍德（William Littlewood）将角色扮演教学法分为六种形式：带提示的控制式角色扮演、带提示与信息的控制式角色扮演、带情景与目标控制的角色扮演、以辩论或讨论形式出现的角色扮演、大规模模拟活动以及即兴发挥。虽然这一分类方法得到普遍认可，但有学者指出其标准过于细化，且六种形式在内容上存在交叉，导致教师在实际应用中难以准确区分类型。基于此，我国学者将角色扮演简化为控制性与自由式两大类：前三种归为控制性角色扮演，后三种纳入自由式角色扮演范畴。综合上述分类方法，并根据师生在活动中的不同作用，我们将角色扮演教学法划分为以下三类。

1. 控制型角色扮演教学法

该方法指教师对场景设计、角色筛选与定位、脚本编写、流程把控及结果评价等环节实施深度干预。其优势在于能确保活动严格遵循教学要求实现目标，但学生受限较多，表演成分较重，自主发挥空间有限，不利于主观能动性的培养。

2. 非控制型角色扮演教学法

非控制型角色扮演教学法又称自由式角色扮演法，教师仅需设定场景要求并进行最终评价反馈，其余环节均由学生自主完成。该形式下教师干预最少，学生自由度最大，能有效激发参与积极性，但可能因学生对知识点掌握不足导致主题偏离。

3. 半控制型角色扮演教学法

半控制型角色扮演法，也可称为混合型，是前两种方法的结合体。教师除设定场景和评价反馈外，仅当出现严重偏离主旨时才进行干预。这种方式兼顾了两类方法的优势，同时有效规避了其主要缺陷。

二、角色扮演教学法的主要特点

（一）参与性

角色扮演教学法的首要特征是学生全程参与角色扮演过程。为获得较高评价，学生需全力理解角色定位，充分展现个人才华以诠释所扮演角色，这种机制促使学生始终保持深度参与。尽管个体体验存在差异，但教师通过搭建展示平台，有效激发了学生的参与积极性。作为"商业健康保险"课程的教学方式，该方法让学生在模拟情境中亲历未来工作角色的行为与感受，通过全过程参与获得真实情感体验。该方法实现了寓学于乐，不仅包含身体层面的参与，更涉及情感与心理层面的投入，既能培养角色移情能力，又能促进行为反思。

（二）仿真性

角色扮演法要实现其价值，必须将商业健康保险的理论知识与实务操作深度融合，使学生获得贴近现实的体验。高度仿真的情境设计能有效激发学生的参与热情，促使其全身心投入角色探究和情境问题解决，从而深刻认识未来职业所需的情感态度与价值观。因此，在情境教学法诸多形式中，角色扮演具有最高的模拟仿真度。需特别说明的是，其仿真性体现在对实务的模拟重塑——虽对现实问题作虚拟假设或技术处理，但这些处理必须基于行业实际，并与学生未来工作紧密关联，确保仿真效果。

（三）灵活性

该教学法还具有显著灵活性特征。教师可根据教学内容和知识点需求，灵活设计不同主题的扮演场景，时长和角色数量均可调整。对学生而言，丰富多样的扮演形式允许其在预设场景框架内自由发挥，并能根据情境变化实时调整应对策略。

（四）互动性

角色扮演教学法要求教师依据"商业健康保险"教学大纲及目标设计相应场景，指导学生完成角色定位与设计，并对表现进行评估。该方法首先构建了师生互动的有效平台。在扮演过程中，学生作为创作、对话的主体，需通过多角色协作实现交流，这种基于教学需求的必要互动，既能增进同窗情谊，又可提升沟通表达、相互认知等社交能力，同时有助于培养团队精神与集体荣誉感。

（五）实效性

角色扮演绝非娱乐表演，而是要实现"商业健康保险"课程的教学目标，与专业培养方案保持高度一致。教师运用此法时，应着重引导学生树立正确的职业价值观，培养其健康保险从业人员应有的职业素养。这种教学形式能有效促进学生社会化发展，使其深刻理解行业各岗位的技术规范与职业道德要求，充分彰显了教学实效性。

三、角色扮演教学法的应用意义

（一）丰富教学形式与手段

角色扮演法虽起源较早，但近十年才真正作为系统的教学方法应用于高等教育领域。探究该教学法在"商业健康保险"课程中的运用，既能弥补传统教学中"知识单向传递"的单一性缺陷，又可改善"被动灌输"带来的枯燥感，从而有效拓展课堂教学的形式与手段。

（二）激发学生学习的主动性

新时代大学生具有较强的自主意识与平等诉求，对教师"居高临下"的传统授课方式存在改进期待。角色扮演教学法通过教师引导，使学生全程参与角色分配、场景构建、对话设计及最终表演等环节，不仅能培养学生的创造力和团队协作能力，更能显著提升其学习积极性与主动性。

（三）促进理论与实践融合

传统讲授法侧重专业知识的传授，以学生对理论的理解记忆为核心目标。"商业健康保险"课程兼具丰富的基础理论与实务操作内容。角色扮演教学法要求学生以理论为根基，将健康保险专业知识融入角色情境，这既有助于学生理解社会行为、明确未来社会角色定位，又能切实强化商业健康保险理论与实践的有机结合。

第二节　角色扮演教学法的运用

一、角色扮演教学法的实施步骤

（一）准备阶段

应用角色扮演教学法前需进行充分准备。授课教师应根据教学内容和要求制订周密计划，精心设计每个环节，避免操作失误。准备工作主要包括：研究教材相关知识点，据此设计场景并确定角色。场景设计涵盖背景图片选择、音乐配置、场地布置等；角色确定环节，教师需创设真实情境，引导学生感知问题、获取资料，指导学生运用知识点进行角色创作，同时提醒注意事项。此外，还需制定评价指标体系，为后续活动评价提供依据。

（二）实施阶段

该阶段以学生为主体，学生需按既定安排快速进入角色。教师应保持适度干预原则：只要学生保持积极参与状态，未偏离教学目标、未出现过度表演或违规咨询行为，教师应尽量减少干扰，确保学生充分施展。

（三）评价阶段

教师需对角色扮演活动进行评测与反馈，发现问题、分析原因并提出改进建议。评价指标应侧重考查学生心理素质、应变能力、口头表达、团队协作及专业知识运用能力，而非角色相似度或表演水平。评价工作由授课教师或专业教师主导，具体包括：观察扮演者行为并评分；汇总评分结果，分析问题成因及改进建议（此过程应听取学生意见，必要时可重新评分）；选择即时或延后方式反馈评价结果；撰写活动小结，系统梳理过程并形成书面记录，作为教学档案保存。

二、角色扮演教学法在"商业健康保险"中的应用

（一）课程介绍及教学目标

1. 课程介绍

课程名称：商业健康保险。

授课对象：保险学专业本科学生。

授课课时：32 课时（2 学分）。

课程简介："商业健康保险"是保险学专业核心课程之一，兼具理论性与实践性。本课程旨在培养复合型健康保险专业人才，系统讲解商业健

康保险的基本原理，包括其定义、特征、个体与团体健康保险合同的一般条款与特殊条款，并详细介绍主要产品形式（如医疗费用保险、失能损失补偿保险及护理保险），以及核保理赔、营销与道德风险防控等内容。"商业健康保险"融合保险学理论基础与医疗卫生知识，是保险学、人身保险、保险法及相关医学课程的综合应用。

2. 教学目标

（1）素质目标　通过本课程学习，培养学生树立坚定的政治立场，系统掌握马克思列宁主义、毛泽东思想、邓小平理论、"三个代表"重要思想、科学发展观、习近平新时代中国特色社会主义思想；培养学生对健康保险事业的热爱，树立远大理想、高尚情操和坚定意志，保持"乐学、善学、勤学"的态度；引导学生形成正确的世界观、人生观和价值观，立志服务社会主义现代化建设与人民需求，树立为国家富强和民族昌盛而奋斗的责任感；培育学生恪守敬业爱岗、遵纪守法、团结合作的职业操守，培养良好的思想品德、社会公德及诚信正直的职业道德。

（2）知识目标　掌握健康保险学相关的医学、经济学和管理学基础知识及其应用方法；熟悉国家关于商业健康保险与社会医疗保险的方针政策与法规；理解医学、经济学等学科在健康保险学中的作用，具备处理常规业务的能力；掌握健康保险营销、核保、理赔及策划宣传等专业知识与方法。

（3）技能目标　第一，专业能力方面：具备将医学知识与技能灵活运用于健康保险业务的能力，能准确评估常见疾病的诊疗规范性和医疗费用合理性；熟悉常见疾病诊疗流程及医院管理基本环节；了解保险公司主要岗位配置及职能，熟练掌握健康保险营销、核保、理赔、策划宣传及组织培训等技能。同时，能准确运用党和国家关于商业健康保险及社会医疗保险的方针政策，深入理解保险相关法律法规并在实务中灵活应用。

第二，方法能力方面：具备计算机应用能力，掌握文献检索与资料查询的基本方法，初步形成健康保险领域的研究能力；具备较强的学习能力、写作能力、语言表达能力、人际沟通与文化交流能力，以及一定的组织协调与规划能力；能够借助外语工具书阅读健康保险领域相关刊物资料，及时了解本学科学术动态与行业发展趋势，展现出自主学习与终身学习的能力。

（二）教材分析

目前教材市场上与"健康保险"相关的专业书籍约有 11 本，其中以"商业健康保险"为重点且适合作为教材的主要有 4 本：一是东南大学张晓教授 2006 年编著的《商业健康保险》（教材 A）；二是鲍勇和周尚成2015 年主编的《健康保险学》（教材 B）；三是西南财经大学陈滔教授2010 年编著的《健康保险学》（教材 C）；四是东北财经大学刘子操教授2011 年编著的《健康保险学》（教材 D）。

这四本教材各有特色：陈滔教授的著作知识体系完整、逻辑性强，若增加针对性案例将更佳；刘子操教授的教材简洁精炼、内容完整，但需要教师加以拓展；张晓教授的《商业健康保险》理论简明易懂、体例清晰、内容充实，概念界定明确且理论系统；鲍勇和周尚成老师的《健康保险学》体系严谨、思路清晰、内容翔实，最新版本即将出版，时效性最佳。

综合考量教材内容、结构体例及出版时间等因素（表 6－1），本次教学选用科学技术出版社出版、鲍勇教授等主编的《健康保险学》作为课程教材。

表 6－1 相关教材比较

项目	教材 A	教材 B	教材 C	教材 D
教学适应性	8	9	8	8
认识规律性	9	9	8	8
先进性	9	9	8	8
系统性	9	9	8	8
逻辑性	10	10	10	10
思想性	9	9	9	9
语言文字	8	9	9	8

项目	教材 A	教材 B	教材 C	教材 D
图表使用	9	10	9	10
内容容量	10	10	9	8
内容针对性	9	9	8	8
得分	90	93	86	85

注：每项 10.0 分为最高分，0 分为最低分。

（三）学情分析

本课程于每年春季学期开设，专为保险学（健康保险方向）专业大学三年级学生设计。因此，在开设此课程时，学生们已具备相当的保险基础知识，远非"一无所知"或"白纸一张"的状态。针对 2013 级保险学专业学生，总计 31 人，其中男生 17 名，女生 14 名，男生在理解新知识点及认知水平方面展现出相对优势；生源方面，省外学生 11 人，省内学生 20 人，他们均已顺利融入校园生活并适应了大学课堂的教学模式；民族构成上，汉族学生 29 人，回族学生 2 人，教师举例时需留意尊重其少数民族风俗禁忌；学生年龄介于 19 至 21 岁之间，性格活泼好动，但耐心与耐性稍显不足；全体学生均为理科背景，思维敏捷，逻辑性强，然而，多数学生缺乏自主学习的积极性。大三学生在学习过程中，展现出对知识实用性的高度要求（极为重视所学知识是否有用，以及对就业等方面的实际影响）、一定的逆反心理（容易对课程内容及教学方式产生逆反和抵触情绪）以及强烈的自我选择性（倾向于根据自身特点、行为模式及思考方式接受知识）。

（四）角色扮演教学设计

1. 主题选择

角色扮演教学法旨在通过让学生扮演商业健康保险领域的不同岗位人员，包括从业人员、保险监管人员以及投保人（或被保险人、受益人），使专业学生能够熟悉并掌握健康保险实务操作技能及与各类对象的沟通技巧。同时，借助换位思考，深化学生对商业健康保险在人类健康保障及社会医疗保障体系完善中地位与作用的理解。本次教学的主题聚焦于"团体健康保险展业拜访"。

2. 教学目的

（1）考查学生对"商业健康保险"课程中团体健康保险特征、投保要求及产品阐释等专业知识的掌握程度。

（2）训练并提升学生的团队合作意识。

（3）锻炼学生的角色扮演和应变能力。

（4）强化学生对基本商务礼仪知识的实际应用。

（5）增强学生的学习能动性和积极性。

3. 角色选择与安排

在选择角色时，为节省课堂时间，可利用课余时间通过"海选"形式，鼓励学生自愿报名。教师应提前 1 至 2 周公布角色扮演主题及相关角色，这样既能有效利用课堂时间，又能激发学生的积极性，使其提前熟悉教学内容。报名时，学生需提交书面申请材料，内容涵盖个人基本情况、对所选角色的理解及扮演计划等。若学生报名积极性不高，教师应及时介入，提前进行动员和激励，确保角色选拔顺利进行，避免影响教学活动的正常开展。

（1）某企业前台接待（1 名，女性）：负责询问来访者身份、目的及预约情况，根据回答进行相应处理；引导来访者至等候区或会议室；在负责人开会时，与来访者进行初步交流；提供日常接待服务。

（2）某企业人力资源部负责人（1 名，男性）：负责与保险公司来访者深入交流，了解保险产品内容、特点、功能等，并表达是否有进一步沟通的意向。

（3）保险公司从业人员（2 名，业务主管 1 名，男性；业务员 1 名，女性）：负责与拜访公司约定时间；与公司主要负责人会面，介绍公司产品，并努力达成初步合作意向。

4. 角色扮演内容

授课教师提供了一份某公司的员工健康保险产品样本，要求学生扮演保险公司从业人员。这些学生需事先了解产品的内容、特征及功能，随后向扮演企业人力资源负责人的同学进行产品推介演示。通过模拟上门拜访潜在客户的形式，旨在帮助企业方准确理解该产品，从而接纳这项员工健康保障计划。

5. 角色扮演流程安排

（1）保险从业人员通过电话做预约。

（2）上门拜访之前再致电确认预约，并确定与相关负责人准确的会面时间。

（3）团队做相应准备工作。

（4）登门与某企业前台接待沟通，表明身份及来意。

（5）接待提供基本接待服务，等候企业负责人。

（6）与企业负责人见面寒暄。

（7）双方就保险产品做深入交流，并得出某种结果（此处为重点内容）。

（8）拜访结束。

（五）教学后的讨论与反思

1. 教学后讨论

角色扮演活动的结束并不意味着教师教学任务的完成，教师还需对学生在角色扮演前、中、后的表现给予评价。在正式点评前，建议教师先组织全班学生展开讨论，特别是让未参与表演的学生充分发表意见。讨论内容可涵盖：各角色言行是否符合设定、专业知识在哪些环节得到体现、存在哪些不足以及改进建议等。讨论期间，教师可指定学生或亲自做好记录。讨论结束后，教师既要对表演学生进行点评，也要评价讨论学生的表现，重点关注其思维方式、语言表达的准确性与逻辑性、专业知识运用水平及团队协作能力等。最后，教师还应对本次教学中的不足进行反思并记录，为今后教学改进积累经验。

2. 教学反思

（1）把握教学知识点，避免重复教学　"商业健康保险"作为高年级专业课程，学生在前期已修读保险学、人身保险学等相关课程。因此，教师应首先评估学生现有知识水平，避免因内容重复导致厌学情绪，同时需结合专业前沿知识进行针对性教学。

（2）结合教学对象特点，因材施教　角色扮演教学法的设计与实施，需立足学生实际需求，注重与现实生活尤其是学生日常经验的结合，突出教学内容的实用性。课程设计应做到理论与实践并重，并关注性别差异：男生倾向实践操作而疏于理论学习，女生擅长理论学习却弱于实践操作。教师可通过理论课堂的差异化提问（如对比男女生的应答表现）来强化男生的理论记忆，或组织男女联合的角色扮演活动，以男生的实践能力带动女生。

（3）聚焦学生注意力，突出教学重点　在角色扮演教学的全流程中，教师需确保专业知识点的系统贯穿，并兼顾多数学生的接受程度。针对重难点内容，可灵活采用多元教学方法强化讲解。例如在讨论环节辅以理论讲授，对角色扮演涉及的要点进行专业解析，重点激发学生的学习兴趣与自主能动性。

第三节　角色扮演教学法的应用体会

一、角色扮演教学法的注意事项

（一）不能取代讲授教学

作为教学手段，角色扮演是课堂讲授的重要补充形式，但不能从根本上取代课堂讲授，尤其对于理论性强或基础知识要求高的教学内容。在这些情况下，角色扮演只能作为适当的有益补充，帮助学生理解、掌握和应用相关知识要点，建立更科学的知识体系，而不能因过度使用导致正常课堂教学质量下降。

（二）注意关联教学内容

角色扮演教学方法的有效应用以教学内容为前提和基础。在设计角色扮演教学活动时，教师需深度剖析教学内容特征，厘清教学目标与要求，科学设置角色及其扮演规范。所有设计要素——包括角色定位、情境创设、表演脚本等——都应紧扣教学目标与内容核心，在保障扮演者适度发挥空间的同时，通过及时引导与纠偏，确保教学过程始终围绕知识传授与育人根本目标展开。

（三）注意区分教学对象

从教育层次来看，角色扮演教学法的适用范围较广，涵盖从学前教育至高等教育的各个阶段。因此，实际应用时需特别关注教学对象的差异性，针对不同群体科学规范地实施该方法。例如，在基础教育阶段，学生年龄较小，虽具有较强的模仿能力，但也容易偏离教学主题。教师在设计角色扮演活动时，应对内容和角色设定保持适度限制，并全程给予关注与引导；而在高等教育阶段，教师可适当放宽要求，甚至可设计与学生原有认知存在冲突或矛盾的内容，以此激发学生主动感知、理解、思考、交流乃至辩论教学知识点，往往能取得更佳的教学效果。

二、角色扮演教学法的应用心得

（一）角色扮演教学法与情境教学法的关系

角色扮演教学法和情境教学法是两种既有联系又有区别的教学方法。情境教学法是指教师根据教学内容和学生实际情况，创设具有情感色彩和形象具体的场景，以激发学生的学习积极性，并通过问题认知、分析与解决，帮助学生快速理解教学内容，掌握解题思路和方法，最终实现教学目标。其表现形式包括视频或图片展示、音乐渲染、表演体会等。而角色扮演教学法则是由教师设定问题情境，学生通过扮演相关角色，分析并解决其中的矛盾与问题。可见，角色扮演教学法是情境教学法的一种具体形式。

（二）角色扮演教学法的价值与推广

相较于传统课堂讲授，角色扮演教学法虽处于辅助地位，但对于应用性和实践性较强的专业而言，它能更有效地将理论教学与实际应用结合，缩短学生对专业知识的理解周期，提升学习效率。因此，在应用过程中，教师及团队应详细记录每次实践情况，及时分析不足与优点，并加以总结。通过持续优化，探索更广泛的推广路径，使这一教学方法不断完善，惠及更多学生。

第七章　案例教学法

第一节　案例教学法概述

一、案例教学法的概念

（一）案例与案例教学

案例是对社会组织中需要解决问题的真实描述。为便于学习者识别案例所体现的核心问题，从而提出解决方案并做出判断，有时会对案例进行必要的语言修饰。案例教学法（Case Method）由美国哈佛法学院前院长克里斯托弗·哥伦布·朗代尔（C. C. Langdell）于 1870 年首创，后经哈佛企管研究所所长郑汉姆（W. B. Doham）推广至全球。1921 年，哈佛商学院开始大规模采用这种教学方法：将真实商业情境典型化处理，形成供学员分析决策的书面案例，通过独立研究和集体讨论提升学员的问题解决能力。该院采用独特的商业管理真实案例教学，有效培养了学生参与课堂讨论的主动性，实施效果显著。20 世纪 80 年代，案例教学法在师资培养领域获得重视，特别是 1986 年卡内基小组在《准备就绪的国家：二十一世纪的教师》报告中，充分肯定了其在教师培训课程中的价值。中国教育界自 20 世纪 90 年代起开始系统研究这一高效教学模式。

（二）案例教学法

案例教学法是一种以案例为基础的教学法（case-based teaching），由哈佛商学院等众多高校在长期教学实践中发展出了三种典型的模式。第一种是讲授说明式案例教学法，它采用简短的案例描述某个组织活动的特定方面，如新产品的引进、传播活动的策划或顾客关系的处理等，学生无须做出决策。在这种模式下，学生可在课堂上快速阅读案例，随后在教师的引导下展开讨论。

第二种为经典案例教学法，学生需扮演决策者角色，面对真实世界的管理问题。通常流程是，学生在课前独立阅读并分析案例，之后进行小组讨论，最终在课堂上，在教师的指导下进一步展开讨论。

第三种是项目式案例教学法，要求学生深入参与某一组织的实际案例，资料来源于教师提供、二手资料或实地调查访谈。学生将在课堂上展示他们在项目过程中的所学所得。

自 20 世纪 80 年代案例教学引入我国以来，讲授说明式与项目式案例教学法在中国的课堂教学中更为常见。回顾案例教学在国外的发展历史，并综合国内外学者的研究成果，我们可以将案例教学法的内涵概括为：在教师（或教师团队）的精心设计与指导下，为实现特定的教学目标，运用案例作为教学媒介，引领学习者进入特定事件的真实情境。通过师生间、学生间的参与、讨论与交流，提升学生的问题发现、分析与解决能力，同时培养其沟通能力、创新思维及团队协作精神，是一种开放性的教学方法。

二、案例教学法的主要特点

本质上，案例教学法是达成教学目标的一种手段。探讨案例教学法的特点，实则在于剖析它相较于传统灌输式教学法的不同之处。因此，所谓特点乃是基于这一比较而构建的相对概念。

（一）从教学目的上看

案例教学法的核心不在于直接传授知识，而是侧重于培养学生运用理论去发现、解决问题的能力。通过分析、讨论、沟通，提升学生的思维能力和创造力。观点、结论、方案均可有差异，鼓励学生提出与教师及教材相异的见解，以此增强学生的素质和能力。

（二）从教学内容上看

案例教学的内容经由学生对案例的分析、讨论，以及教师的引导和组织，激发学生的思考，激活其学习兴趣，鼓励其积极思考，提出新见解和新方法，从而培养学生的思维与创造力。

（三）从教学效果上看

案例教学法在培养科学分析和解决问题能力方面具有培养创造性人才的优势。案例教学促使学生从注重知识转向注重能力。知识并不等同于能力，应将知识转化为能力。学生若一味学习书本上的"死"知识而忽视实际能力的培养，将对自身发展构成巨大阻碍。案例教学能有效地将知识转化为分析问题和解决问题的能力。

（四）从教学关系上看

案例教学法基于学生是认知主体的理念，强调学生学习的主动性、积极性和良好的自我管理意识。这一过程与教师的组织、引导、启发相辅相成。双向配合要求教学双方重视沟通，同时也对教师提出了更高的要求。此外，学生间的交流能够取长补短，促进人际交流能力的提升，并产生相互激励的效果。需明确的是，上述特点虽以传统灌输式教学为参照，但并非意在否定灌输式教学，亦非用一法取代另一法。灌输式教学在传授系统性知识，如概念、定义、原理、方法等方面，具有高度的逻辑性，知识传递效率高。在高等教育领域，关键在于选择和融合。即便在案例教学发源地美国，如芝加哥大学、加州理工大学等，在管理学科教学中也较少使用案例教学法。而在中国，经典的案例教学法主要应用于商学院 MBA、EMBA 学员的培训学习，针对已掌握一定理论的学生或具备管理经验的管理者。

三、案例教学法的应用意义

案例教学法的本质是理论与实践相结合的互动式、开放式教学模式。作为公认的启发性、互动性和实践性兼具的教学方法。

（一）其首要作用在于提升学生的学习能力

案例教学通过开发智能与创新思维，不仅强化知识接受能力，更注重培养知识整合运用能力及环境适应创新能力。将现实问题引入课堂讨论分析的过程，自然激发学生主动思考与研究热情。教学中案例的适时穿插能持续转移学员注意力，保持最佳精神状态。

（二）该方法同时强化学生的人际关系处理能力

在培养问题解决能力的过程中，案例教学促使学生通过分工合作、沟通协调来发挥各自优势，其间需处理意见表达、分歧化解等实际问题，这种团队协作模式有效培养了学生相互尊重、互帮互助的合作意识。

（三）系统思维能力的提升是其第三大优势

在信息化与全球化构成的复杂系统中，案例教学通过模拟真实情境，让学生经历信息分析、方案决策等过程，这种贴近现实的训练环境特别有助于培养学生的系统思考能力。

（四）最终实现教学相长的良性循环

教师既是教学主导者——负责案例筛选、流程把控和思维引导，也是参与者——通过共同研讨突破认知局限，汲取学生提供的丰富素材。这种打破"教师独白"的互动模式，使师生共同投入问题探讨，既激发集体智慧，又显著提升教学成效。

第二节　案例教学法的运用

正如上文所述，传统的案例教学法主要针对已掌握一定理论知识的研究生层次学生或具备实际管理经验的中高层管理者的培训学习。这种教学方法强调在理论基础上的实践应用，要求学习者具备将理论知识与实际情境相结合的能力。然而，笔者所从事的本科层次教学面临着截然不同的现实情况：这些低年级学生专业理论基础较为薄弱，尚未形成系统的知识框架，更缺乏必要的实践经验和职场认知。这一客观现实决定了传统案例教学法在本科教学中的直接应用可能会遇到诸多挑战。

通过文献梳理可以发现，目前国内学术界关于"案例教学"的讨论呈现出一个显著特点：大部分中文学术论文中所提及的案例教学其实是一种经过本土化改造的广义概念。研究者们往往并非严格遵循哈佛商学院开创的经典案例教学模式，而是根据中国教育体制的特点和学生的实际情况，有选择性地将案例教学的某些核心要素或关键步骤融入传统的讲授式课堂教学之中，形成了一种"案例教学与传统讲授相结合"的混合模式。这种适应性调整的目的在于：既能够发挥案例教学在培养学生实践能力方面的优势，又能够照顾到中国学生长期形成的被动式学习习惯，从而在现有教育环境下达成最优的教学效果。

基于上述认识，需要特别说明的是：下文将要详细阐述的教学实施步骤并非经典案例教学理论中所述的标准流程，而是笔者在多年本科教学实践中，针对学生实际情况所进行的教学探索和经验总结。这些方法既有对传统案例教学理念的继承，又包含了基于实际情况的创新发展，可以视作是在特定教学环境下的一种实践性尝试。

一、案例教学法的实施步骤

（一）案例准备

教师在进行案例准备时，应注意以下几个问题。

1. 案例选择讲求真实可信

案例应服务于教学目标，因此需兼具典型性与理论关联性。案例必须源于实践，教师不可主观臆测或虚构杜撰。真实的细节能使学生如临其境，深入社会组织之中。唯有如此，学生方能严肃对待案例中的人与事，细致分析数据和复杂案情，从而获取知识、启迪智慧、锻炼能力。

2. 案例呈现讲求客观生动

真实是基础，但案例不应是事例与数据的简单堆砌。教师需突破刻板教材的编写方式，适当运用文学手法，如场景描写、情节叙述、心理刻画、人物对话等，亦可穿插议论以烘托气氛、突出细节。必要时可附加相关资料，如规章制度、文件决议、合同摘要，或报表、台账、照片、图表等图文素材。需强调的是，生动性应建立在客观真实的基础上，旨在激发学员兴趣。

3. 案例应用讲求价值导向

传统案例教学注重思维开放性，哈佛模式主要通过两种方式实现：一是让学生深入案例事件，通过实践他人的实践，体悟角色职责的成败；二是教师全程提问，不预设标准答案，以激发多元思维，共享分析过程，培养解决问题能力。然而，从育人根本目标看，此种模式犹如"行百里者半九十"。面对案例中的争议与矛盾，我们主张知识体系可不设标准答案，但价值体系必须明确正确导向。教学设计应在开放过程中鼓励学生发表见解、分析问题，通过思辨与批判培养独立思考能力，同时需坚守价值立场，在"立德树人"的根本任务中，为课堂教学的"最后一公里"奠定清晰方向。

（二）案例提供

案例的提供与呈现应注重多样性。以往，教师多通过打印文本的方式向学生分发案例。然而，随着信息技术的进步及"线上＋线下"混合式教学模式的普及，教师现已能借助电子文本便捷地传送案例。当然，若在课堂讲授中穿插案例，教师亦可通过口头陈述来介绍，此时最好能结合语言描述、图片展示、视频播放及虚拟仿真等手段，以增强案例的可读性和吸引力。

（三）案例学习

对于综合性案例，教师通常需在正式集中讨论前一至两周，就将案例材料发放给学生。学生需阅读案例材料，查阅指定资料与读物，搜集必要信息，并积极思考，初步分析案例中的问题成因并提出解决方案。在此期间，教师可为学生列出若干思考题，以指导他们有针对性地进行准备。此步骤至关重要，若学生准备不充分，将直接影响整个教学效果。但需注意，课堂教学中，部分案例可采取随堂学习形式，即教师在提出案例后，给予学生短暂的阅读、查阅资料及理解时间。

（四）案例讨论

案例讨论环节是学员发挥的舞台，此时教师担任组织者和主持人的角色（亦可指定学生担任主持人）。随后，各小组可派代表或由教师随机抽取代表，发表本小组对案例的分析及处理意见。此阶段的发言与讨论旨在拓展和深化学员对案例的理解。主持人可归纳出几个意见集中的问题及处理方式，以此引导学生关注方案的合理解决。部分案例亦可采取随机讨论形式，让教师参与其中，共同营造课堂热烈的学习氛围。

（五）案例讲解

在案例讲解环节，需特别指出，案例教学虽旨在寻求解决方法，但在课堂教学中，案例往往更多地发挥启发和引导作用。教师不急于寻求问题的即时解决，而是引导学生发现问题、分析问题，并进一步关注和探究。因此，在学生讨论后，教师有必要对案例进行必要的归纳和讲解，并阐释案例在教学中的重要作用。

（六）总结反馈

在总结反馈环节，教师可预留时间供学生自主思考与总结。学员既可围绕规律与经验进行提炼，也可探讨获取这些知识与经验的方法。此外，鼓励学生将总结以书面形式呈现，这有助于加深理解，使其对案例及相关问题形成更深刻的认识。同时，教师也应对案例及讨论过程进行总结，以评估学生认知水平并开展教学反思。需注意的是，上述流程主要适用于综合性案例；对于说明性或简短案例，则应根据教学目的灵活调整，无需完全套用。笔者将这种区分通俗地称为"大案例教学法"与"小案例教学法"。前者以案例为核心，将理论内容融入其中，所选案例须具备典型性和代表性，并要求学生提前进行分析；后者以理论知识为框架，通过穿插案例来阐释观点，所选案例具有普适性，便于学生快速理解。总之，我们既要掌握传统案例教学法的精髓，又要在实践中根据学生特点、课程性质及教学目标灵活运用，以实现最佳教学效果。

二、案例教学法在"公共关系学"中的运用

（一）课程内容简介

课程名称：公共关系学。

授课对象：公共事业管理专业。

章节名称：政府公共关系。

政府作为特殊的公关主体，其工作随着公共关系学科发展及社会环境变迁而日趋复杂。公众与媒体对政府的期望值持续提升，同时政府行为也愈发广泛地呈现在社会公众视野中。因此，政府管理既应当也必须引入公共关系思维，掌握运用公共关系的一般规律来开展日常工作。本课程将引导学生从公共关系主体的视角，审视政府的政策、措施与行为。

（二）教学方案设计

【教学目标】

知识和技能目标：帮助学生理解政府公共关系的概念，认识政府发展公共关系的必要性，掌握开展政府公共关系工作的有效方法。

情感与价值目标：引导学生理解新时代党治国理政的总方略，理性认知中国在新时代的外交战略与蓝图规划；同时认识我国现行国家治理体系，是在历史传承、文化传统和经济社会发展基础上，经过长期演变、渐进完善与内生性发展而形成的。

【教材分析】

本教学内容选用以下教材：中国中医药出版社出版的关晓光主编《公共关系学》、高等教育出版社出版的熊卫平主编《公共关系学》、人民卫生出版社出版的王悦主编《公共关系学》，以及复旦大学出版社出版的居延安主编《公共关系学》。经比较，关晓光主编的教材在认识规

律性、理论前沿性、知识系统性、逻辑性和专业适应性等方面更符合教学需求。

【学生分析】

鉴于学科发展的历史渊源，学生在理解公共关系主体时，往往容易先入为主地将企业视为主要形式，从而忽视主体表现形式的多样性。为此，我们将政府作为公共关系的一种特殊主体形式，结合当代社会发展态势，着重探讨当前及未来政府作为公共关系主体的角色认知与转型。

【教学方法】

本章内容综合运用问题导入、嵌入式案例讲授、典型案例分析等方法开展课堂教学活动。

【教学技术及手段】

制作一套与本教材配套的课件，内容需与授课要求及学生学习水平相匹配。该课件主要功能包括：呈现章节内容提纲和重点知识，辅以相关新闻图片、动画、视频案例及对应分析，以优化教学效果。同时，通过整合各类教学资源，帮助学生建立对传播实践更直观的认知。教学过程中需协调使用教材、计算机、投影仪、黑板（白板）、多媒体课件和视频资料等教学工具。

【教学信息】

根据本节内容的知识结构，需要准备以下信息支持教学。

1. "一带一路"倡议中的国际公关（新闻资料）。

2. 中国政府反腐所面临的形势分析，国际社会对中国的评价（数据资料）。

3. 国家统计局的公众开放日活动（图片、文案）。

4. 《中共中央关于坚持和完善中国特色社会主义制度、推进国家治理体系和治理能力现代化若干重大问题的决定》（文件）。

【教学要求】

教学内容：政府为何需要公共关系，政府公共关系的概念内涵；开展政府公共关系的有效途径，政府公共关系的发展趋势。

教学重点：政府公共关系的4个有效途径。

教学难点：中国政府如何通过公共关系手段寻求国际对话机制。

思政融入点：①"一带一路"倡议彰显中国智慧的国际公关。中国特色大国外交要推动构建新型国际关系，推动构建人类命运共同体。②惩治腐败行为是政府公共关系的核心，是新形势下党治国理政的总方略。③寻求国际对话机制是政府公共关系的重要策略，是中国在新时代的外交战略与蓝图设计。④坚持中国特色社会主义制度、推进国家治理体系和治理能力现代化。

【具体教学环节】

具体教学环节见表7-1。

表7-1 具体教学环节

环节	教学内容	教学方法	预期目标	观测点
课程介绍	教学内容与教学目标呈现	PPT呈现配合教师介绍	学生知晓本节课的知识与能力、情感与价值目标	学生的专注度
问题导入	针对案例项目的评价与分析	①案例介绍②学生讨论及提问	使学生意识到政府为什么需要公共关系及其本质	学生参与课堂讨论，主动回答问题情况
知识点1	政府为什么需要公共关系	案例分析总结性陈述	使学生意识到政府为什么需要公共关系及其本质	完善自我思考、做笔记、拍照记录
知识点2	政府公共关系的概念与内涵	嵌入式案例讲授	理解含义，涵养爱国情怀	以公关思维思考时事问题
知识点3	政府公共关系的主要途径	嵌入式案例讲授	掌握政府公共关系的工作方法，理解新形势下党治国理政的总方略	学生对政策与政府行为的认同度
知识拓展	推进国家治理体系和治理能力现代化	视频、图片等展示	明确政府公共关系是国家治理水平的表现之一	学生主动阅读和理解政策和文件

续　表

环节	教学内容	教学方法	预期目标	观测点
课堂小结	政府面临的环境与公众的期望分析	概括性总结	强化对政府公共关系必要性与可行性的认识	学生能概述本节课要义，有获得感
任务布置与资源提供	课后任务布置（影视赏析），探索学科前沿（评论文章）	提供资源，电影《对话尼克松》	引导学生课后自主学习	随机抽查任务的完成情况

【课外教学】

课后作业——影视欣赏（培养政府公共关系意识）

2008 年电影《对话尼克松》（Frost/Nixon）以理查德·尼克松与英国主持人戴维·弗罗斯特的著名访谈为背景，其中涉及著名的"水门事件"。

知识链接：水门事件（Watergate scandal）是美国历史上最严重的政治丑闻之一，对美国和全球新闻界都产生了深远影响。1972 年总统大选期间，为获取民主党竞选策略情报，以共和党尼克松竞选团队首席安全顾问詹姆斯·麦科德（James W. McCord, Jr.）为首的五人，于 6 月 17 日闯入华盛顿水门大厦的民主党全国委员会办公室安装窃听器并偷拍文件时被捕。该事件最终导致尼克松于 1974 年 8 月 8 日宣布辞职，成为美国历史上首位辞职的总统。

尼克松在回忆此事时表示："这其实是一个公共关系问题。"请谈谈你对这句话的理解。

第三节　案例教学法的应用体会

一、案例教学法的注意事项

（一）案例教学准备的关键是案例甄选

准备阶段作为整个案例教学活动的起点，其核心任务在于案例甄选。首先需紧扣教学目标，包括知识与技能目标、情感与价值目标，筛选相匹配的教学案例。甄选时既要关注案例与教学内容的契合度，更要注重其价值导向的适宜性；其次应基于学情分析，确立案例备选原则，重点考量时效性、适用性和针对性；随后需系统收集整理备选案例，通过评价筛选明确案例主题、表现形式及应用要求；最后需结合具体教学要求和条件可行性，完成案例资料的教学化设计。

（二）案例教学过程的重心是教学组织

案例教学实施过程涵盖课前学习研讨与课后落地实施，但核心环节仍是课堂中的教学组织，其重心在于按教学计划推进决策研讨。教师面临的主要挑战在于精准把握学科知识与研讨方法的比重分配，实现启发引导者与顾问角色的自然转换。应将课堂主动权交予学生，通过有效提问、引导和深度探讨，构建平等对话、鼓励质疑的研讨氛围，高效实现场景化应用、探寻式引导和团队学习——这些正是影响案例教学目标达成的关键要素。

（三）案例教学评价的核心是知识迁移

案例教学评价阶段的核心任务在于促进知识迁移，即通过针对性任务布置或学生自主设计的行动计划，实现知识、技能与情感的应用内化。教学效果并非源于教师的讲授，而是生成于学生的实践行动。无论是决策能力还是应用技巧，唯有在具体行动中才能得到检验、迁移与内化。课堂教学仅是学习活动的核心环节，真正的学习内化始于课堂结束之后。此阶段教师的主要职责在于提供支持、指导与监督，核心目标是激发学生自主转化的能动性与行动力。

二、案例教学法的应用心得

（一）案例教学本土化应用要点

作为舶来品，案例教学在实施过程中需结合学校特点、学生基础、教师能力及教育环境（政策、技术、管理等）进行针对性调整。传统经典案例教学法往往难以直接适用于中国本科生：其一，学生普遍缺乏企业管理和社会实践经验，中小学阶段形成的固化学习模式导致其自主探究能力较弱；其二，高校教师多属"从学校到学校"的成长路径，实践经验不足制约了案例开发能力，素材采集渠道也相对有限；加之教学改革存在主客观制约因素，教师实施意愿成为关键变量。因此，教学方法的应用须遵循渐进原则，立足现实情境，在借鉴中融合，在融合中创新。

（二）案例教学对学生综合素质的培养价值

该教学法通过具体案例阐释抽象理论，既能降低理解难度，又能激发学生的主动思考，实现教学主体从教师到学生的转变。这种模式不仅促进知识内化，更着重培养分析决策能力：强调思维过程而非结论正误，侧重知识框架运用而非经验堆砌，注重师生互动而非单向传授，是提升学生综合素质的有效途径。

（三）案例教学法契合大学生认知特点

18～22 岁的大学生社会阅历较浅，其碎片化、形象化的思维特征表现为热衷探索、乐于分享、追求即时互动，但书本知识与其生活经验存在断层。通过案例创设情境，可将抽象原理转化为具象认知，借助学生对职业实践的好奇心，有效激发学习动力，解决基础概念和方法论的理解难题。

（四）案例筛选的"五性"原则

1. 经典性：集中体现核心原理或典型场景。

2. 接近性：实现专业、地域、心理层面的共鸣。

3. 前沿性：反映学科最新发展动态。

4. 时效性：选取新生案例以拓展思维空间。

5. 价值性：贯彻"为党育人、为国育才"的教育使命。

第八章 视觉教学法

第一节 视觉教学法概述

一、视觉教学法的概念

（一）什么是视觉

视觉，从生理学角度而言，是指光作用于视觉器官，刺激感受细胞兴奋，其信息经视觉神经系统加工后产生的感知现象。通过视觉，人和动物能够辨别外界物体的大小、明暗、颜色及动态，从而获取对机体生存至关重要的各类信息。教学论视角下的视觉具有严谨的科学性与明确的目的性，它受时间、场所和内容的限定，区别于日常生活中随意的视觉器官运用行为。在课堂教学中，视觉要求教师依据教学内容、学生心理预期及教室光线条件，科学设计并合理呈现颜色与形状，使学生能在积极的心理状态下接收视觉对象的电磁波，经大脑中枢神经系统编码转化为可接受的知识。我认为，发展性教学中的视觉特指学生在教师引导下，通过视觉器官调动已有知识储备以认知新知识的过程。

随着语言演进，图像与文字逐渐成为人类表述世界的两大方式。现代科技进步，尤其是多媒体与互联网的普及，导致视觉信息激增，进一步强化了人们对视觉感官的依赖。视觉化思维日益成为现代人获取信息的重要方式，而直观解析图像的能力已成为关键技能。视觉图像有助于培养形象思维能力。

视觉素养可分为三个层次：视觉学习、视觉交流与视觉思考。基础层次的视觉学习要求学生理解视觉现象所传递的真实意义；视觉交流则要求学生不仅能解读图像，还能在交流中运用视觉符号表达观点；最高层次的视觉思考旨在培养学生用视觉符号解决问题的能力。我国当前视觉素养教育多停留在第一层次，学生习惯用文字记录所见所闻，并通过语言文字表达思想，形成文字文本的思维定式。完善的视觉素养教育不仅应培养学生解读视觉文本的能力，还需引导其批判性审视视觉信息，以多元视角理解大众传媒，掌握生活技巧，同时激发创意思维。

（二）什么是视觉教学法

视觉教学法是一种作用于接受者视觉器官的信息传递方法，它通过形象、生动、逼真的画面为学习者提供感性材料，为掌握理性知识奠定基础，从而加快教学进程、降低理解难度、提升教学效率。其实现手段主要包括多媒体软件、图片、实物模型、3D数字人和真人模特。

在特定课堂中，教师为实现教学目标，可根据视觉原理及学生的年龄、生理、心理和认知水平，选择视觉教学法作为教学策略之一。需注意的是，视觉教学法并非独立存在或单独运用，须与其他教学方法结合，方能达成课堂教学目标。

人体解剖学的发展性课堂教学立足于学生个体未来发展，以课堂教学为载体，旨在开发学生智力、培养情感、提升综合素质。这一教学理念强调以学生的知识基础、认知水平和生理特征为核心，采用先进教学方法，激发学生参与课堂活动的积极性，培养其认识事物、发现规律、探索方法的能力，以及独立思考、实践操作的本领，进而形成可持续学习能力和终身学习素养。

二、视觉教学法的主要特点

通过近年来在人体解剖学教学中应用视觉教学法的实践，我们发现以下几个特点：学生对视觉形象的解读基于其既有知识基础和信息素养。在课堂学习过程中，学习者首先接收视觉信号，经视觉神经传导进行信息编码；随后中枢神经系统自动调动已有知识储备和信息素养，与新信息进行对接、识别、归类和分析。完成这一系列复杂心理过程后，新的概念便得以建立。值得注意的是，这一阶段学习者运用的是心理语言而非文字语言，因此即便看似理解新概念，实际认知仍处于混沌状态。要达成清晰、准确、透彻的理解，必须借助语言工具进行具体表述。然而，完整的概念表述并不等同于知识掌握，还需通过实践应用来巩固，这个环节即练习。有效的课堂学习要求学习者持续调动知识储备和信息素养，从而系统掌握概念，构建完整知识体系。

当前教学中普遍存在两个薄弱环节：一是教师往往满足于学生表面理解概念，未能引导其系统整合知识；二是缺少语言表述环节便直接进入练习阶段。针对这种情况，我们强调应根据学科特点科学设计视觉教学环节：安排充分的概念表述时间，通过小组互动让全体学生深度参与，而非仅通过个别提问验证理解。这种注重思维培养的教学理念，能帮助学生建立清晰准确的知识框架。

研究表明，视觉信息的接收与解读呈现波浪式发展的心理过程。我们对学生注意力的观测显示：在单节课（开头－中间－结尾）、单日（上午－下午）、单周（周初－周中－周末）以及章节单元内，学生的注意力均呈现由强转弱、末期复强的周期性特征。教师应把握这一规律，在注意力波谷时段灵活调整视觉教学策略，通过节奏变化持续激发学习兴趣，提升课堂效率。

对视觉形象的准确解读离不开声音和文字材料的辅助。一个缺乏声音和文字说明的视觉形象，往往会引发学生基于各自经验的多种解读。若旨在有意识地培养学生的发散思维和发现问题的能力，不附加说明或许是一种策略。然而，在课堂教学中，鉴于时间有限，要确保大多数学生能迅速且准确地理解概念，视觉教学法仅作为辅助，还需配以准确且简洁的说明，内容需指向明确，以免分散学生的注意力。

学生对视觉对象的关注，是一个由表及里、由感性至理性的认知发展过程。实际上，学习者对视觉对象的关注并不总是遵循教学者的预设路径。无论哪一学科，学习者首先关注的是视觉对象的色彩搭配、图像尺寸以及主体与客体的陪衬是否契合其视觉习惯和知识背景；随后，才会探究视觉对象与学习内容的内在联系。一旦建立起当前视觉对象与必须学习概念的联系，学习者便会积极思维，重新审视视觉对象，主动探寻其与学习概念间的内在联系；进而，在感性认识的基础上，升华至理性认识的层面。

实验证明，暖色调能迅速吸引学生的注意力，但持续时间较短；而冷色调的视觉对象虽不易立即吸引注意，却能在学生适应教室光线和情绪稳定后，促使其冷静深入地思考对象内涵。夸张变形的视觉对象易于引起关注，反观中规中矩者则易被忽视。随着学龄和知识的增长，学生对反复构图的视觉对象越发感兴趣，而往往对看似简单实则内涵丰富的构图容易忽视。

视觉教学法在"正常人体解剖学"教学中的应用范围极为广泛，绝大多数文字内容均可转化为图片或视频形式进行阐释。学生借助视觉教学后，能转换记忆模式，每当回想起某个知识点，脑海中首先浮现的是对应的视觉信息，而非单纯的文字描述。这一转变不仅丰富了记忆的形式，也更贴合显性记忆的特点。

然而，显性记忆亦有其局限性，即需要定期且多次重复，以巩固对知识点的记忆，否则易于遗忘。此外，考试时，学生还需将脑海中的视觉信息转化为文字表述，因为试卷作答无法直接采用视觉信息。因此，整个学习过程中，始终伴随着从文本到图片或视频，再回归文本的转换过程。这两次转换均对学生的逻辑思考能力提出了要求。从这个角度看，提升学生的逻辑思考能力，是有效运用视觉教学法的关键。忽视这一能力的培养，便构成了视觉教学法的"禁忌证"。若在教学中无视这一"禁忌证"，将导致学生难以顺利转换学习模式，或在考试中无法将视觉信息准确转化为文字。

为规避此类情况，笔者强烈建议在教学初期即着手培养学生的逻辑转换能力。正所谓"授人以鱼不如授人以渔"。一旦学生掌握了逻辑转换能力，中后期的教学效果将事半功倍。同时，逻辑转换能力在其他医学学科的学习中同样重要，能伴随学生终身学习。

三、视觉教学法的应用意义

眼睛是人类接收外界信息的主要器官。它由众多精细部分构成，形成一个复杂的系统，清晰的视觉依赖于眼睛各部分协同运作。当然，要实现清晰的视觉感知，健康的眼睛和可见光线的存在是必要条件。健康的眼睛能根据物体的远近自动调节焦距，确保观看的清晰度。借助可见光线，眼睛能够辨识视觉对象的形状、尺寸、色彩及运动轨迹，进而判断其属性。

因此，在发展性课堂教学中采用视觉教学法，重点在于研究视觉对象的形状、尺寸、色彩及运动轨迹，以协助学生在课题学习中迅速实现视觉追踪、聚焦，并培养视觉思维，最终形成有效的视觉冲击力。成语"视而不见"与"睹若无物"揭示了即便眼睛接收到外界信号，若未启动信息传输至中枢神经系统进行编码，视觉信息也无法被有效处理。这表明，将外界信息摄入大脑需事先做好心理准备。若心理预期某信息，眼睛会自然关注视觉对象的各个细节。因此，本研究格外注重深入了解学生的心理预期，确保所呈现的视觉手段尽可能贴近学生的心理预期。

另外，也应尽量避免造成学生的视觉疲劳，以免在学习知识时产生阻碍心理。发展性课堂教学旨在基于学生的现实个体差异，构建适宜其成长和发展的课堂体系，以培养其终身学习的素养及勇于进取、敢于开拓、独立创新的精神。这种为未来提供动力的教学理念应贯穿课堂教学之中。所有教学行为都应服务于学生的未来发展这一核心目标。而在课堂教学中，学生主要通过视觉获取图像信息，并通过对图像的解读转化为语言文本符号。

第二节　视觉教学法的运用

一、视觉教学法的实施步骤

视觉教学法的实施步骤基于解剖学学科的三大特性。

第一特性是"深"或抽象性。人体作为高度复杂的机体，其研究学科自然艰深难懂，其中神经系统解剖知识尤以难度著称。针对这一特性，该方法的首要步骤是将抽象知识可视化——通过掌握基本绘图、流程图和树状图等技巧，将教材中的晦涩内容转化为适配的图形呈现。

第二特性是"多"。医学专业的学习负荷在各学科中首屈一指，这既源于服务对象的特殊性，更因知识体量庞大，故医学本科通常较其他专业多一年学制。为此，该方法的第二步是将 200 余页教材浓缩为 50 页图文笔记，通过视觉化处理实现减量增效。

第三特性是"散"。与逻辑严密的数理学科不同，医学各分支知识关联性较弱。即便按"基础 – 临床"顺序授课，其知识衔接效果也远不如数学明显。对此，该方法的第三步是利用流程图等工具整合《人体解剖学》知识点，构建清晰的人体结构框架。这种系统化的视觉呈现既解决了知识点零散的问题，又培养了临床思维：在考试中，学生能脱离碎片化记忆，将问题置于知识体系中作答；在临床实践中，更有利于发展诊断与鉴别诊断所需的整体思维能力。

二、视觉教学法在"人体解剖学"中的运用

以"正常人体解剖学"教学为例，具体说明视觉教学法的应用。在讲解第六章循环系统时，动脉和静脉是一对易混淆的知识点。教材原文表述为："动脉是输送血液离心的管道，静脉是引导血液回心的血管。"学生常将动脉与动脉血、静脉与静脉血直接关联，形成错误认知：认为动脉运输动脉血，静脉运输静脉血。为帮助学生正确区分血管与血液性质，建立血

管与血流方向的准确联系，笔者将这一知识点转以图片形式撰写出来，见图 8 - 1。

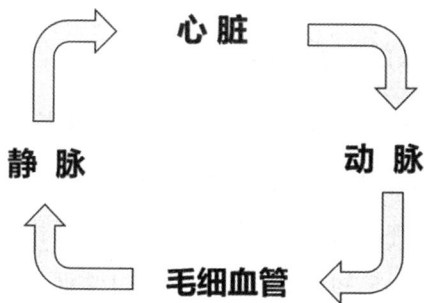

图 8 - 1　血液与血管关系图

在这张图片中，我们能清晰理解动静脉与血液流向的关系，从而避免先入为主的逻辑误区，准确掌握动脉和静脉这对概念，并明确认识到动静脉与动脉血、静脉血之间并无必然联系。记忆这张图仅需很短时间，且不易遗忘。2014 年，笔者代表江西中医药大学参加太原第四届医学（医药）院校青年教师教学基本功比赛，授课内容正是循环系统总论，其中就包含动静脉这一重要概念。比赛中，笔者巧妙运用视觉教学法的这一技巧，给评委和听众留下深刻印象。凭借视觉教学法的生动呈现，笔者最终斩获比赛一等奖及最受学生欢迎奖。

第三节　视觉教学法的应用体会

一、视觉教学法的注意事项

随着人类社会进入视觉文化时代，未来学家托夫勒曾预言人类将迎来信息时代与读图时代。面对视觉形象已渗透社会生活各领域并深刻改变人们思维方式的现状，视觉文化作为一门新兴学科在国内外悄然兴起。然而，视觉文化现象对课堂教学究竟会产生何种影响？一线教师应如何科学认知并合理引导这些影响？目前理论界尚未形成成熟的研究成果，实践中也呈现出各行其是的局面。这一课题在新课程改革中具有不可忽视的重要性，亟需开展系统研究以形成可推广的经验。

在多媒体技术全面替代传统视觉教学手段的背景下，现代教育技术已普及至各级各类学校。但当前视觉教学法的应用存在两大问题：其一是脱离教学实际滥用技术，其二是片面依赖多媒体而忽视其他视觉教具的优势。从广义视角看，多媒体仅是视觉教学法的组成部分之一。尽管功能强大，其虚拟特性决定了它无法完全替代实体教具的独特教学价值。过度强调多媒体技术可能导致教学方法单一化，最终弱化发展性课堂培养未来人才的综合效能。因此，有必要系统整合各类视觉教学资源，深入研究其教学功能并实现多元教法的优化组合。

当前教师普遍缺乏对学生视觉心理的研究意识。视觉认知作为复杂的心理生理过程，却鲜少被纳入教学设计考量范围。由于专业认知不足或备课时间有限，教师往往仅从教学内容和个人经验出发设计课堂，忽视学生的视觉认知规律，致使学生易产生视觉疲劳、注意力涣散等问题。更值得警惕的是，教师常将此类学习状态简单归因为纪律问题，这种不当归因反而会加剧学生的厌学情绪。基于此，建议在课堂视觉教学法的应用中建立科学规范的实施标准。

二、视觉教学法的应用心得

基于我们的经验，视觉教学法存在若干值得探讨的问题。首先需要界定视觉教学法的范围——这个概念本身非常宽泛。在开展发展性课堂教学时，我们应当将其限定为多媒体视觉教学法以满足研究需求，还是应该遵循生活逻辑，将其拓展至日常生活的各个层面？若局限于多媒体视觉教学法，虽然便于教师开展研究并快速获取数据成果，但研究范围相对狭窄，容易使师生视野困在与现实脱节的多媒体技术中，思维模式也难免受限。这种局限性显然不利于培养具备实践创新能力的未来社会人才，毕竟多媒体技术只是生活的再现而非生活本身。然而在有限的课堂时间内，如何合理界定这个概念，既不让教师感到无所适从，又避免其仅从现有多媒体素材中选取教学内容？

关于视觉素养与信息素养，我们需要探讨其构成要素、心理机制及表现形式。研究证实这两项素养在课堂学习中举足轻重，对学生发展具有深远影响。但由于研究视野、条件及时间的限制，我们尚未深入探究其心理机制、表现形式，以及如何通过特定教学法实现二者的最佳结合。基于发展性课堂理念和教学法演进趋势，我们确信二者存在契合点，但其具体定位、作用机制及实现路径仍有待考证。

就视觉教学法的优化而言，如何吸纳其他教学法优势以最大化其课堂效用？虽然研究表明83%的信息通过视听途径获取，但我们的研究发现这一结论存在个体差异和学科差异。每种教学法各有利弊，实际效果取决于教师的运用能力。当下亟须解决的是如何避免教师单调重复使用特定教学法导致学生兴趣衰减的问题，这要求我们持续深化对多种教学法综合运用的研究。

如何构建适用于视觉教学法及其他教学法的课堂科学评价机制？我们因缺乏验证视觉教学手段效果的评价机制而屡屡受挫。理想的课堂教学评价体系应当兼具发展性与相对稳定性，但现行评价标准仅针对课堂总体教学，缺失针对具体教学法的专项评价指标。此外，实际评价过程中，评价者的个人素质往往导致评判结果参差不齐。这种现状使得对教师和学生的评估都难以客观。当前亟须建立一套普适性教学法评价标准，用以规范教学研究和日常教学实践。

第九章 示范教学法

第一节 示范教学法概述

一、示范教学法的概念

示范教学在《高等教育词典》中的定义为："教师通过示范典范供学生参考学习。"这种教学方法通过教师的身体语言、动作艺术及实物展示等手段，形成师生互动的教学双边活动，旨在传授知识、培养技能、发展经验。作为视觉信息类教学方法之一，示范教学在直观教学中占据主导地位，具有灵活简便、真实感强、调节度高、针对性强、适用范围广、效果显著等特点，其核心是"示范－模仿"。

二、示范教学法的主要特点

（一）明确学习目标与建立正确动作表象

示范教学法通过直观展现动作的结构、过程及要领，生动、形象地呈现操作步骤，能够强化学生对专业技能的埋解，使其清晰认知技能目标，形成正确的动作表象，从而促进技术动作的掌握。

（二）传递动作情感与营造操作氛围

示范教学不仅是操作步骤与技能的演示，更应潜移默化地传递示范者对病患的情感与态度。通过教学氛围的营造，直观展现示范者的角色情感，帮助学生全面理解教学内容。

（三）契合当代大学生的学习特点

学生是学习的主体，若教学方法脱离其特点，则难以引发共鸣，影响教学效果。当代大学生的典型学习特点包括：①视觉能力优于言语能力；②偏好实践性学习方式；③倾向群体学习环境。示范教学法能高度契合这些特点，激发学习兴趣，提升专业操作技能的学习成效。

三、示范教学法的应用意义

（一）激发学生学习兴趣，增强实践动机

阿玛比尔（Amabile）指出，即使个体拥有全部技能、习惯和能力，若缺乏自主意愿，仍无法坚持完成任务。教师通过示范教学，使学生产生"技盖至此乎"的庖丁解牛式惊叹与敬佩，能有效激发其内在学习需求，将被动接受的"要我学"转化为主动追求的"我要学"，从而提升学习兴趣与实践动机。

（二）促进操作技能学习

根据学习金字塔理论：①听讲仅能保留5%内容；②阅读可以保留10%；③借助声音、图片可以保留20%；④示范可以保留30%；⑤小组讨论可以保留50%；⑥实践演练可达75%；⑦教授他人或即时应用则能记住90%。在急救教学中，教师示范后组织学生分组模仿，引导其边做边思考，既能深化理论理解，又能提升技能掌握程度。

（三）规范技能动作，掌握操作要领

从生理学角度看，初学者大脑皮层兴奋度高，注意力易分散，常出现动作不准确、不协调及多余错误动作。采用学生示范教学法，通过正确与错误动作的直观对比，结合正负反馈机制，可强化学生对规范动作的认知，减少操作失误，从而优化技术动作，提高操作质量。

（四）拓展教学空间，节约教学成本

将微课示范与现场教学相结合，使学生在课堂上掌握急救护理步骤后，能通过课外反复观看微课巩固记忆。这种模式突破了时空限制，为学生提供了更充裕的学习与练习机会。

第二节　示范教学法的运用

教师在日常教学中往往能够娴熟地完成专项技能操作，但在面对零基础的学生时，则需要将操作步骤进行系统性分解，循序渐进地指导学生掌握技能要领。根据技能操作的复杂程度，示范教学法主要采用以下两种教学模式。

一、示范教学法的实施步骤

（一）示范教学模式一：适用于较简单的技能训练

1. 第一步：提出问题，示范操作

教师根据问题情境，按标准流程完整演示专项操作技能，使学生明确本次操作的目的、任务及时限要求。例如提问："遇到气道异物梗阻患者时，如何立即实施海姆立克急救法？"以问题驱动思考，通过规范操作展示传递"生命第一、时效为先"的急救原则。在此环节，教师需同步激发学生的学习动机与信心。

2. 第二步：分解示范，强调要点

教师以放慢的节奏逐步演示，同步讲解各环节的操作要点。针对关键步骤，可通过调整语音语调、语速变化等方式突出强调，帮助学生准确掌握操作要诀。

3. 第三步：学生模仿，体验反思

教师带领学生同步练习，过程中实时讨论操作细节。例如海姆立克急救法练习时，学生通过亲身体验腹部受压感可能产生"是否会造成肋骨损伤"的疑问。教师可借机结合学生感受，自然渗透规范操作的重要性，潜移默化培养护理工作中的共情意识。

4. 第四步：独立操作，指导监督

在学生独立练习阶段，教师应采取"放手不放眼"的指导策略，既给予操作空间，又保持密切督导，确保专项技能的有效掌握。

(二) 示范教学模式二：适用于复杂且难以理解的技能训练

1. 第一步：示范

教师以正常速度进行操作技能示范，帮助学生形成对任务及结果的整体认识，为其提供操作过程的完整概览。

2. 第二步：分解操作步骤

教师将操作技术分解为详细步骤，使学生充分理解技能或任务的核心要求。在此环节，教师需突出重点操作要点。例如，进行心肺复苏教学时，应重点讲解以下内容：如何判断患者病情（包括意识状态及大动脉搏动的评估方法）；胸外按压的操作要点（如定位、手法、按压频率等）；口对口人工呼吸的实施细节（包括用力方式、口形、吹气量等），并阐明采用此类急救方法的原理。

3. 第三步：放慢速度示范

在学生建立对任务的整体认知后，教师需逐步分解示范每个步骤，确保其目的明确、逻辑清晰，使学生能够掌握每项操作的关键要领。

4. 第四步：模仿

教师完成慢动作示范后，学生开始模仿练习。此阶段需教师密切指导，学生在其引导下逐步完成操作任务。

5. 第五步：训练指导

当学生初步掌握操作步骤后，教师转为教练角色，规范每步操作的时间和质量，以巩固学习效果。此时的重点是针对学生个体差异提供差异化指导，必要时延长训练时间。

6. 第六步：测试

经过充分指导后，教师可通过情景模拟测试学生的综合能力。例如，设计"淹溺患者心肺复苏"与"中暑患者心肺复苏"两类案例，要求学生独立或分组完成，以此评估其专项技能、判断力及团队协作能力。

二、示范教学法在"急危重症护理学"中的运用

(一)示范教学模式一:用于气道异物梗阻的海姆立克急救法的技能训练

师:各位同学好!在正式上课前,请大家观看一段40秒的视频(视频导入)。请问视频中的患者出现了什么情况?

生:被食物噎住了。

师:回答正确。正常情况下,我们进食时声门处于关闭状态(配合解剖图片演示)。现在请大家做一个咀嚼动作,可以感受到咀嚼时会自然屏住呼吸,因此异物通常不会进入气道。但在高声谈笑或哭泣时进食,可能导致呼吸道被异物部分或完全阻塞,这种情况会迅速危及生命。婴幼儿由于会厌软骨发育不完全,更易发生异物梗阻。而成人也可能因饮酒过量、工作时误吸口中异物,或老年人假牙脱落等原因出现此类危急情况(配合相关数据展示)。

那么,当遇到呼吸道异物梗阻的患者时,应该如何施救呢?

生:开放呼吸道。

师:很好。有哪些开放呼吸道的方法?(复习已学知识)

生:口咽插管法、鼻咽插管法、仰头提颏法、抬颈法等。

师:这些方法都很重要。今天我们要学习的是针对异物梗阻患者最快速、安全的急救方法——海姆立克急救法。请问大家是否有过呛水或噎食的经历?当时有哪些表现?

生:有的,会出现剧烈咳嗽、说不出话、面部充血等症状。

师:描述得很准确。对于意识清醒的异物梗阻患者,典型表现为进食时突然剧烈咳嗽、呼吸困难、无法言语,或出现痛苦表情并用双手掐住颈部;昏迷患者在开放呼吸道后仍无法进行有效通气。这些情况都需要立即实施海姆立克急救法。

该急救法分为自救和施救两种方式。大家都玩过"剪刀、石头、布"

游戏吧？今天我们要学习的海姆立克急救法，其操作要领就借鉴了这个概念。现在开始示范操作。

1. 自救法（示范法）

（1）咳嗽法：当异物仅造成不完全性呼吸道阻塞，患者仍能发音、说话、呼吸和咳嗽时，应鼓励其自行咳嗽和深呼吸，不要干扰患者自主排出异物的动作。因自主咳嗽产生的气流压力为人工咳嗽的 4～8 倍，通常能更有效地清除呼吸道异物。

（2）腹部手拳冲击法：患者先做出"剪刀"手势（拇指与食指伸直，其余三指收拢），将剪刀口闭合，置于脐上两横指处；再以另一手握拳（"石头"：拇指内扣，四指包裹），拳眼朝向腹部；最后用"布"（另一手掌）包住"石头"，快速向内上方进行 4～6 次连续冲击。

（3）上腹部椅背压迫法：患者迅速将上腹部（脐上两横指处）抵压于椅背、桌角等硬物边缘，并用力向前倾压，通过制造人工咳嗽驱出异物。

2. 他救法（示范法）

当发现他人出现气道梗阻时，可采取以下步骤：让患者保持立位或坐位，施救者站于其后，双腿呈弓箭步分开（一腿插入患者两腿之间），双臂环抱其腰部。先以"剪刀"手定位脐上两横指处，放置"石头"拳后，用"布"包紧拳头，快速向内上方冲击腹部 6～8 次。下面请两位同学示范（高大者为患者，瘦小者为施救者）。请问操作时有何感受？

生：患者身高过高，导致急救操作难以使力。

师：确实，当遇到身高悬殊或昏迷患者时，可采用仰卧位急救法：患者平卧，头后仰保持气道开放。施救者跪于患者大腿外侧或跨坐其双腿，一手掌根抵住剑突与脐之间的腹部，另一手重叠其上，利用身体重量快速向上方冲击推压 6～8 次。注意保持肩、肘、腕成直线，以掌根为着力点，十指相扣朝上。

现在请同学们两两一组进行模拟练习。注意：①仅作模拟，切勿实际用力；②思考：海姆立克急救法的作用原理及操作中的注意事项？

生：操作时感到腹部受压，适度按压几次后出现恶心感。

师：回答得很好。海姆立克急救法的原理是"挤压上腹部→腹内压上升→膈肌上抬→冲击肺底残留气体→形成气流"，从而排出异物（需配合解剖图及教具演示）。操作时需注意如下内容。

（1）施力方向　避免挤压胸廓，力量应集中在手掌，防止损伤胸腹部脏器。

（2）位置准确　不可偏移，以免伤及肝脾等器官。

（3）异物排出即停止操作　未见异物时禁止掏挖，以防异物深入呼吸道。

（4）保持气道开放　清醒者头部应前倾，昏迷者头偏向一侧。

现在大家应该都掌握海姆立克急救法了。

最后记住急救口诀（配乐）：

Heimlich（海姆立克）

La la lala go go go

Heimlich（海姆立克）

我们一起加加油

吃东西突然开始咳嗽

吃东西突然掐住脖子

伸出手脐上两横指

握拳内压上腹

从后环抱压压！或者自己压压！

举起双手比个心

从后环抱压压！或者自己压压！

我的名字叫 Heimlich（海姆立克）！！！

从后环抱压压！或者自己压压！

我们一起加加油

从后环抱压压！或者自己压压！

要把生命捧在手

（二）示范教学模式二：用于心肺复苏术的技能训练

师：同学们，在上课之前，请大家和我一起观看一段 15 秒的视频《吉林大学第三医院朱医生抢救心搏骤停患者》。通过这段视频，相信大家都能深刻体会到医护人员的"大爱无疆"。无论身处何地，无论患者是否为自己接诊的患者，只要有人需要帮助，我们医护人员都会毫不犹豫地伸出援手。这则新闻发生在吉林，一位男性公寓保安突然倒地，恰好路过的吉林大学第三医院朱医生立即冲上前去施救。她跪地进行心肺复苏，最终将患者从死亡线上拉了回来。目前，这位患者经过治疗已康复出院。

不过，针对视频内容，很多网友提出疑问：患者出现抽搐症状，是否只是癫痫大发作？这种情况下是否需要实施心肺复苏？

生：不太清楚是否需要心肺复苏。

师：2010 年国际急救指南会议重申，成人生存链由五个相互衔接、环环相扣的重要环节组成。假设现在有位同学突然倒地，我将为她进行急救演示（教师完整示范操作步骤）。

好的，通过刚才的演示，大家已经初步了解了心肺复苏的六大关键环节。现在，我们来逐一讲解并示范这六大关键环节（教师可根据教学情境，选择边讲解边逐步示范，或先讲解后统一示范）。

1. 分析判断

第一步应立即确认环境安全。例如，在火灾现场施救前，需确认周围是否存在坍塌风险；在水灾现场救人时，应先检查有无裸露电线，以防触电危险。因此，施救前必须全面观察环境并确保安全。

第二步需判断心脏骤停患者：并非所有晕倒患者都需要抢救。需进行心肺复苏的患者特征为意识丧失且大动脉搏动消失。根据后续新闻报道（插入具体内容），视频中的患者确实符合抢救指征。

具体判断方法如下。

（1）判断意识 轻拍患者双肩并在双耳侧呼叫。拍肩可避免颈椎损伤患者因脸部拍打导致头部晃动造成二次伤害；双侧呼叫则兼顾失聪可能；

对婴幼儿可拍打脚掌观察疼痛反应。

(提问互动环节）师：基础护理学中，应通过哪条动脉来判断心搏骤停？

生：桡动脉。

师：错误。触及桡动脉（收缩压＞80mmHg）、股动脉（＞70mmHg）与颈动脉（＞60mmHg）的血压阈值不同。若颈动脉搏动消失，说明收缩压已低于60mmHg，病情危急，故必须通过颈动脉判断血液循环。

（2）判断搏动　成人：用食指和中指并拢，从气管正中旁移2～3cm，于胸锁乳突肌内侧探查颈动脉搏动。儿童：检查肱动脉（因婴儿颈部短胖，颈动脉难以触及）。方法为用食中二指触摸上臂中央内侧，可配合拇指按压，持续10秒。

确认患者意识丧失且大动脉搏动消失后，应立即实施抢救。

2. 复苏体位与急救系统启动

（1）复苏体位摆放　①使患者仰卧，保持头、颈、躯干处于同一轴线；②翻转患者时需整体移动，避免局部扭转；③将双臂自然置于身体两侧，解开衣物充分暴露胸壁；④确保患者位于硬质平面（如硬板床或地面）。

（2）紧急呼救　①院外急救：立即拨打120，准确说明事发地点、患者状况、已实施的急救措施及联系方式；②院内急救：呼叫医疗团队支援，同时展开抢救。

3. 循环支持——胸外按压

【定义】通过人工按压胸廓增加胸内压或直接挤压心脏，促使血液流动，为冠状动脉、脑及其他重要脏器提供灌注。

【原理】

（1）心泵机制　规律按压胸骨下段可间接压迫心室，推动血液进入肺动脉和主动脉，维持重要器官的血供。按压产生的机械刺激可能诱发心脏自主搏动，促进心律恢复。

（2）胸泵机制　胸骨按压引起胸内压周期性变化，利用压力差驱动血液循环。中医理论指出，按压区域对应膻中穴。

师：要确保高质量的胸外按压，我们需要重点解决五个关键问题。

1）按压部位：①成人：胸骨中下段，即两乳头连线中点（对于乳房下垂的女性，需用食指和中指沿肋骨向上滑行至肋弓汇合点定位）；②儿童：两乳头连线中点稍下方的胸骨处。

2）按压手法：①双手掌根重叠，十指相扣，手指上翘，以掌根为着力点；②施救者上半身前倾，双肩位于按压点正上方；③保持双臂伸直，肘关节固定；④以髋关节为支点，利用上半身重量垂直下压。（注意：若不以掌根着力，可能导致肋骨骨折）

3）按压深度：成人至少5cm。

4）按压频率：每分钟100次，每轮30次按压。

5）注意事项：①按压与放松时间均等，确保胸廓完全回弹，放松时掌根不离开胸壁；②尽量将按压中断控制在10秒内（中断原因包括：更换施救者、开放气道、人工呼吸等）。

接下来我们进入CPR第二步：开放气道。

4. 开放呼吸道

师：请问大家是否知道为什么开放气道是复苏的关键问题？

生：因为意识丧失会导致患者下颌肌松弛、舌根后坠，压迫咽喉壁，从而阻塞气道；若患者颈椎弯曲，也会造成舌后坠阻塞气道。因此，开放气道至关重要，只有确保气道通畅，才能进行人工通气。

师：非常好！开放气道前，应首先清理呼吸道异物：若异物为液体，可在翻身或头侧位时自然流出，也可用擦拭法清除；若为固体或半流体（如污物、假牙、呕吐物等），可用手指缠纱布挖出。清理异物后，再按以下方法开放呼吸道：

（1）仰头抬颌法（head-tilt chin-lift）　抢救者将一手掌小鱼际（小拇指侧）置于患者前额，下压使其头部后仰；另一手的食指和中指置于下颌骨下方靠近颏部处，向前抬起颏部，辅助头部后仰以开放气道。必要时，

拇指可轻牵下唇，使口微微张开。（注意：避免压迫患者气管）

（2）托颌法（jaw-thrust）　患者平卧，抢救者双手置于其头部两侧，拇指放于下颌处，其余四指握紧下颌角，用力向前上方托起下颌。若患者双唇紧闭，可用拇指分开口唇。此法较费力且难度较高，仅适用于颈部外伤者，以下颌上提为主，不可后仰或左右转动头部。操作时需注意：

1）食指和中指尖勿深压颌下软组织，以免阻塞气道；

2）避免过度上举下颌，防止口腔闭合；

3）头部后仰的标准位置为下颌角与耳垂连线垂直于地面；

4）开放气道需在 3～5 秒内完成，且心肺复苏全程须保持气道通畅。

5. 人工呼吸

（1）方法：用口包住患者口部缓慢吹气 1 秒以上（婴幼儿需同时包住口鼻）；

（2）吹气量：每次 500～700mL，以可见胸廓起伏为宜；

（3）操作步骤：吹气后松开鼻腔、移离嘴唇、观察胸部起伏，随即准备第二次人工呼吸；

（4）按压呼吸比：单人或双人心肺复苏均按 30 次胸外按压配合 2 次人工呼吸（30∶2 为一个循环）。双人操作时，每完成 5 个循环或持续 2 分钟后需更换施救者。

6. 心肺复苏效果评估

（1）神志：出现眼球活动、反射或肢体抽搐；

（2）瞳孔：由散大转为缩小；

（3）呼吸：出现自主呼吸（仍需继续人工呼吸支持）；

（4）循环：颈动脉搏动恢复；

（5）面色：口唇由苍白青紫转为红润。

请同学们分组练习，思考针对"淹溺昏迷"与"中暑昏迷"患者的急救方案，稍后将分组模拟这两个案例的急救操作。

第三节　示范教学法的应用体会

一、示范教学法的注意事项

（一）示范教学法应具有明确的目的性

示范旨在帮助学生建立完整的动作表象并激发学习兴趣。因此，教师需在课前充分准备，明确教学任务、内容、步骤及对象，同时掌握不同示范模式的适用时机。对于简单内容，可采用模式一进行课堂示范教学；对于复杂内容，则建议在实验中心选用模式二。例如，在教授相对简单的海姆立克急救法时，可按模式一先由教师分解讲解急救步骤，随后选取两名体型差异显著的学生进行站立式操作示范，其余学生作为评价者依据评分表进行点评。通过自评与互评，学生可总结操作中的常见疏漏或错误，进而引出后续教学内容——当施救者与被救者体型悬殊或被救者昏迷时，可采用平卧式急救。适时运用示范教学法既能纠正错误、强化操作技能，又能通过学生的亲身体验自然衔接后续教学内容，有效提升教学效果。

（二）示范教学法应与讲授法紧密结合

语言教学兼具魅力与价值，示范教学法并非仅让学生观察教师操作，而是以示范为载体实现"教"与"学"的融合。教师需运用简洁而富有启发性的语言，将讲解与示范同步进行。例如，在讲解心肺复苏"胸外按压操作部位"时，教师可边示范边说明"两乳头连线中点"的定位方法；又如通过"剪刀、石头、布"口诀概括海姆立克急救法的三步要点。通过示范与精炼、具象化语言的结合，能充分调动学生的视觉、听觉与语言表达，强化"视、听、说"多维学习效果。

（三）态度和蔼、注重反馈

在学生示范过程中，教师应保持亲切态度，适时给予正向激励以增强其参与信心与兴趣。同时需密切观察学生的操作步骤，对其提出的问题与建议及时反馈或解答。

二、示范教学法的应用心得

(一) 教师的话

1. 教师根据预设情境进行操作演示，能够感染学生，使其切身感受急救过程的紧迫性。通过教师的整体示范，学生不仅能领略其学识魅力而产生崇敬感，还能被这种教学方式激发学习兴趣，从而更积极地参与教学过程。

2. 动作示范是直观演示教学法中最主要、常见且有效的手段。它以正确动作为范例，帮助学生理解技术动作的结构、流程与要领；同时通过展示典型错误，指出学生普遍或个体的不足，辅助其改进技术动作。

3. 教具与模型联用能深化学生对操作原理的理解，而高级模拟人更能实时纠错以保障教学质量。例如：利用自制教具讲解"海姆立克急救法"的力学原理；通过模拟人案例演示及操作评价强化"心肺复苏"教学效果。

4. 同伴示范能让学生直观体会操作过程。教学中还应结合生活经验进行类比，帮助学生理解动作要领与方法原理。

5. 将动作要领编成口诀，比术语表述更生动形象。教师朗朗上口，学生乐听易记，可快速形成对技术动作的整体认知。

(二) 学生的话

1. 示范教学法通过教师的规范操作，在我们脑海中形成具体表象，使学习目标清晰明确，不同于纯粹的自主探索学习。

2. 我们更倾向小组学习模式：同伴互教互学，及时纠正错误；操作训练后，通过案例讨论制定救护方案并实践，实现理论与应用的融合。

3. 课堂技能虽易当堂掌握，但后期易模糊遗忘。利用课堂录播资源课后复习，既能巩固操作记忆，也有助于自查不足，提升学习效果。

第十章　主动式教学法

第一节　主动式教学法概述

一、主动式教学法的概念

主动式教学法是在翻转课堂基础上衍生的一种教学方法，其形成的主动式课堂教学模式与传统教学模式存在显著差异。该方法强调以学生为中心，鼓励学生积极参与课堂活动——教师主要起引导作用，而学生才是课堂的真正主体，最终实现"把课堂还给学生"的理念。"我的课堂我做主"这一口号，生动体现了主动式教学法对学生自主参与的高度重视。

哈佛大学前校长陆登庭曾指出，在过去一个半世纪的发展中，哈佛的教学完成了从知识"传授"到教师指导下学生"自我教育"的转变。自入学起，学校就致力于培养学生成为能够参与发现、解释和创造新知识或新思想的人。斯坦福大学前校长卡斯帕尔同样强调，美国顶尖大学之所以卓越，关键在于为年轻学子提供参与机会，而非仅让其充当课堂知识的被动接受者。

1987年，孟菲斯州立大学齐克林教授与密歇根大学甘姆森教授共同提出了影响深远的优质大学教育七原则：促进师生互动；加强学生合作；倡导主动学习；建立教学反馈机制；注重时间效率；保持高标准期望；实施因材施教。其中，"主动学习"被明确定义为：学习绝非旁观行为。若学生仅满足于听课、记忆现成知识并复述答案，其收获必然有限。真正有效的学习需要讨论所学内容、付诸文字、联系既有经验并应用于实践，最终将知识内化为自身素养。课堂中可通过结构化练习、深度讨论、团队项目、同伴互评及学生助教等方式促进主动学习。

基于这些理论发展而来的主动式教学法，核心在于确立学生的主体地位。具体而言，这种教学模式通常以翻转课堂为基础，借助信息化手段：教师预先提供教学视频、导读方案等资源；学生课前自主学习并探究预设问题；课堂开展小组讨论并由代表讲解知识点；师生共同解决问题；课后进行知识总结并展开新一轮自主学习。这种新型教学模式实现了教学流程的系统性革新。

活动式课堂教学的主要宗旨是以学生为主体，激发其内在学习动机，充分调动学习主动性，从而活跃课堂氛围。教师需创造性运用教材，引导学生发现问题、探究问题；通过自主讲解知识、交流讨论、主动参与及感悟反馈等实践活动，学生能初步掌握解决问题的能力，进而学会思考、学习和创新，最终实现全面发展。

二、主动式教学法的主要特点

（一）主动式课堂教学模式中的"主动"体现在师生双方

在主动式教学法中，教师发挥主导作用，贯彻以学生为中心的教学理念。教师的主动性表现为：课前主动编写课程导读方案、录制教学微视频、设计课堂问题；课中组织引导学习、发掘学生智慧闪光点，并融入学生群体关注学习进展；课后主动撰写教学反思。若将教学比作电影，教师需既当"导演"统筹课程设计，又深入学生听取多元观点。学生的主动性则体现在：课前主动学习教师提供的资源，课中积极承担"演员"乃至"主角"角色，参与小组协作讨论，课后自主归纳课堂知识。

（二）教学过程的三阶段划分

主动式课堂教学模式将教学过程划分为课前、课中和课后三个阶段。课前，教师提供教学资源供学生预习；课中，师生协同解决预设问题；课后，双方进行知识总结与教学反思。课后反思环节不仅深化课堂学习效果，更为后续教学奠定基础，是至关重要的教学组成部分。

（三）师生教学活动的双向互动

教师的教学活动涵盖：资源准备、知识传授、学习指导、教学反思。这些环节呈递进关系——知识传授基于前期资源准备，后续指导则促进知识消化，而反思成果直接指导新一轮教学准备。学生的学习活动包括：知识预习、知识内化、学习总结。学生完成当前知识总结后，即可衔接新一轮学习，并将所得知识应用于后续学习。

师生教学活动存在深度交互：学生预习依赖教师准备的资源（以网络信息技术为支撑），而教师的备课与反思又基于学情开展。在主动式课堂中，这种教与学的双向影响贯穿始终，形成动态发展的教学循环。

三、主动式教学法的应用意义

（一）有助于实现个性化学习与因材施教

主动式教学法贯穿于课前准备、课堂教学、单次课总结及课程总结各环节。学生可根据个人情况自主规划学习进程，无须受他人进度影响，从而实现分层次学习。在遇到困难时，学生能获得针对性指导；教师则通过差异化任务布置，真正落实培优补差，达成因材施教的目标。

（二）有效提升学生综合能力

该教学法以学生为主体，以全面提升基本素质为宗旨，注重个性发展与创新能力培养。通过自主探究式预习和课堂协作活动，系统训练学生的自学能力、探究精神及创新思维。课堂采用教学助手等互动形式，既锻炼学生的知识概括与表达能力，又通过教学内容拓展显著提升学生的综合素养。

（三）促进教学相长

该模式对教师提出更高要求：需设计难度适中的启发性问题，编写融合预习与拓展训练的导读方案；制作精炼的微视频突破重难点；提供趣味性学习资源并实施精准学情分析；建立多元化评价体系。这些要求推动教师专业能力持续提升，形成师生共同成长的良性循环。

（四）有助于提升信息化设施在教学中的作用

在信息技术快速发展的背景下，学习过程已突破时空限制。传统课堂受限于课时，教师只能提供最精简的学习资源；而主动式课堂教学模式依托网络环境，能为学生提供形式多样、内容丰富的资源。课程导读方案实现提前学习规划，帮助学生明确学习目标与方法；教学视频则突破学习难点，聚焦知识重点，使个性化分层学习成为可能。该模式通过信息技术弥补时空局限，实现师生、生生间的即时互动。教师还可借助网络实时监测学习进度，同时提升师生信息技术素养与现代教育技术应用能力。例如，运用蓝墨云班课、微助教等移动教学工具，可高效开展课堂互动与即时反馈。

（五）学生主动参与引发课堂质变

传统课堂以教师单向灌输知识为主，学生被动接受；而主动式课堂推动学习态度从"供应式"转向"超市式"，教学形式由"一言堂"变为"百家争鸣"，实现从精英学习到全员参与的转变。这一模式打破"教师教什么、学生学什么"的固有逻辑，促使教学方式由"注入式"升级为"发动式"。教师秉持"相信学生、利用学生、发展学生"理念，从单向讲授转为多维互动，营造出"我的课堂我做主"的活跃氛围。

（六）倡导探究合作，助推综合能力发展

主动式课堂对传统模式进行重大革新，摒弃教师"独角戏"式讲授，注重激发学生在教学辅助与小组讨论中的创造性思维。通过设置问题情境，促进师生、生生间的探究式对话。但该模式也存在局限性，如对硬件环境与软件系统的依赖性，以及学生自主学习过程难以精准追踪等问题。

第二节　主动式教学法的运用

一、主动式教学法的实施步骤

基于我校主动式教学团队十多年的教学实践探索，主动式教学法能够

依据具体课程情况制订适宜的教学流程。主动式课堂教学模式细分为开课前准备、第一次课、第 i 次课及课程结束后总结等环节。

（一）开课前准备

在运用主动式教学法授课之前，课程所属学院通常需组织动员大会，而课程负责教师则需筹备课程资源、分析学生状况及确定分组名单等。

1. 分析学生情况，召开动员大会

分析学生状况主要包括评估学生的学习期望、知识水平、技能掌握情况及学习态度等。这项工作建议由学院与教师协同完成。鉴于多数学生长期接受的是灌输式的传统教学模式，学院需依据学生情况适时召开动员大会，提前向学生介绍课程教学模式，鼓励学生转变传统学习观念，做好充分准备，迅速适应主动式课堂教学模式。

2. 准备具备知识性与趣味性的问题、导读方案、视频等课程资源

主动式教学法对课程负责教师提出了更高要求。教师需要转变角色与观念，着手准备与课程紧密相关的资源。根据课程内容设计能运用课程知识解答的、最好具有趣味性的问题；结合学生学习需求，编写适合预习的课程导读方案；针对课程难点与重点，录制微视频。这些课程资源旨在为学生提供精准的引导和指导，需要教师提前投入大量精力精心筹备。

3. 了解学生情况

教师在分析班级学生基本情况后，还需深入学生群体，尽可能了解每位学生的详细情况，包括学习意愿、学习定位等。教师可通过加入班级 QQ 群、微信群，或利用问卷星、微助教等工具以问卷形式深入了解学生情况。

4. 确定分组名单

在充分了解学生具体情况后，教师可根据学生实际进行分组。由于主动式课堂需要部分学生担任教学助手甚至"教师"角色，教师在分组时应充分考虑学生具体情况，合理安排。此外，为实现学生间的分工合作，主动式课堂教学模式需得到教学环境的支持，建议采用圆桌或围桌式教室开展主动式教学法，便于学生分组学习。

（二）第一堂课

"良好的开始是成功的一半"，每门课程的首次授课都至关重要，采用主动式教学法的第一堂课更是如此。在首次授课前，教师除了精心备课外，还需设计出第二堂课师生要共同解决的恰当问题。开课时，应先进行课程总体介绍，说明采用的课堂学习模式，并阐述主动式课堂的具体表现形式。临近课程结束时，可将下次课待解决的问题以任务形式布置给学生。

（三）第 i 堂课

首次课结束后，后续授课即进入课程的循环流程。教师需在课前精心设计下次课待解决的问题，并在课堂开始时对前次课程内容进行总结、引出本次课程内容。根据分组情况，由各组教师的助手讲解提前学习的知识点，并提出解决方案或策略。随后各组针对问题展开讨论，形成最终解决方案。最后由教师对各组方案进行点评。学生在课堂中的主动表现可以多样化：担任教师助手、组织小组讨论、陈述解决方案、质疑教师助手的讲解等。课程结束前，教师需向学生明确下次课待解决的问题。

（四）课程评估

在课程中期及结束后，教师可通过调查问卷等形式，将学生的学习情况与开课前的认知基础进行对比分析，实现教学相长。同时，可结合课堂记录与问卷调查结果综合评价学习成效，并根据问卷反馈调整教学策略。

（五）课堂形式

采用主动式教学法的课堂主要表现为以下环节：教师总结与导入、学生讲解预习内容、课堂互动、思考题与习题解析、教师总结与设问等。

1. 教师总结与课堂导入

课堂开始时，教师应用 3～5 分钟对上节课知识进行系统性、概括性、延伸性的总结。通过对已学内容的精要概括，自然地衔接本课知识点，以"画龙点睛"的方式提纲挈领地导入新课。这有助于学生把握教学重点，将知识系统化，并在脑海中构建知识框架。

2. 学生教学展示环节

在主动式课堂教学中，学生担任教学助手进行展示应占较大比重，这是激发学生主动参与的关键手段。该环节的核心在于学生的主动参与和教师的适时引导。教学展示既是对预习成效的延伸检验，也要求教师全神贯注地观察，及时捕捉学生的智慧闪光点并解决问题。通过展示，学生能体验自主学习和合作学习的魅力，提升学习质量并获得成就感，具有显著的激励作用。

3. 课堂互动与教师指导

学生展示时成为课堂主体，教师则扮演导演角色。学生基于预习内容展开交流，作为教师助手提出问题，与同学讨论观点，实现生生互动。展示结束后，教师需适时总结指导知识内化，通过组织课堂活动、评价知识体系，结合课前反馈强调重点知识。为保持学习动机，可适当采用奖励机制。教师通过对学生认知体验的反思总结，促进全体学生共同进步，实现师生良性互动。

4. 问题探究与合作学习

学生在课前自主探究教师预留的问题或习题，课堂上通过小组合作或在教师指导下完成知识内化。主动式教学注重小组分工合作，这既是研究性学习的体现，又能促进全员参与，开发创造潜能，提升教学效率。合作学习不仅能帮助学生获得科研体验与技能，更能培养其合作精神与人际交往能力，同时提高学习积极性，强化团队意识。

5. 教师总结与设问

在课程接近尾声时，教师可用 3～5 分钟对本堂课内容进行归纳总结。临近下课时，提出一个既能衔接本节内容又关联后续课程的问题，让学生带着思考离开课堂。这种方式不仅能活跃学生思维，培养其分析和解决问题的能力，还能引导他们主动预习、深入探究，最终在解决问题的过程中体会学习乐趣，激发求知欲，为后续学习做好知识与精神的双重准备。

二、主动式教学法在"离散数学"中的运用

（一）教学目标

1. 知识目标

（1）通过学习，学生能知晓命题与联结词的基本概念。

（2）通过学习，学生能知晓命题符号化及命题公式。

（3）通过学习，学生能灵活利用真值表，解决实际问题。

2. 能力目标

（1）培养学生分析解决问题的思维能力。

（2）培养学生语言表达与组织知识能力。

3. 情感目标

（1）让学生体会课程之美：根据学生心理特点，遵循教学规律，精心提炼真值表蕴含的美学价值，培养学习兴趣，激发求知热情。

（2）引导学生感悟课程应用之妙：通过创设生活情境引入真值表知识，帮助学生理解课程与生活实际的联系。

（3）让学生体验知识建构之喜：学习不是被动接受，而是主动建构知识的过程。

（4）帮助学生感受学习成就之乐：成功体验是激发学生潜能的重要动力。在课堂中，可让学生担任教学助手，提供展示自我的机会，通过持续鼓励使其获得成就感，从而增强自信心。

（二）教学内容

1. 简单命题与复合命题的基本概念。

2. 否定、合取、析取、蕴涵、等价联结词的含义。

3. 命题公式的层次及命题公式的真值表。

4. 真值表的应用实例。

（三）教学设计

1. 课前教师准备

通常情况下，学生在此前并未系统接触过主动式课堂教学模式。因此，在实施主动式教学前，需对这些学生进行必要的培训说明，使其充分了解即将采用的新型学习模式，为后续学习做好准备。正式开课前，教师应向学生阐明主动式课堂的学习流程、形式、目的、意义及注意事项，以激发其参与积极性。课前准备阶段，教师可先加入学生班级的微信群或QQ群，提供相关教学资源，并按 5～6 人一组进行分组。

（1）凝练实际应用的问题。

·哪两个人作案？

有一名贵中药库被盗，公安人员侦查后发现疑犯甲、乙、丙、丁四人中只有两人有作案，案发后，可靠的线索如下。

1）甲乙两人中有且仅有一人去过名贵中药库。

2）乙和丁不会同时去名贵中药库。

3）丙若去名贵中药库，丁必一同去。

4）丁若没去名贵中药库，甲也不会去。

试判断四人中哪两人去名贵中药库犯案？

·推算比赛名次

甲、乙、丙、丁四个代表队进行中药知识比赛，观众 A、B、C 对比赛的胜负进行猜测，A：甲只能取得第三，丙是冠军；B：丙只能取得第二，乙是第三；C：丁取得第二，甲是第一。比赛结束后对比真正的名次，他们都只猜对了一半，请推理出四个代表队的名次。

（2）提供给学生学习资源。

1）命题与联结词微视频。

2）命题符号化与真值表微视频。

3）命题逻辑公式微视频。

4）命题逻辑的基本概念导读方案。

2. 课堂

根据主动式教学模式，结合本堂课程内容，教师需要设计课堂中学生的知识衔接、探究、互动及评价活动，同时组织好自身的指导与总结环节。

（1）教师首先用 1～2 分钟简要阐述预留问题，引入命题逻辑的基本概念，包括简单命题与复合命题的定义、逻辑联结词的用法及注意事项、命题符号化步骤及其生成公式等，为后续解决预留问题奠定知识基础。随后引导各小组推选教学助手，由其展示讲解课前自学成果。

（2）各组教学助手依次讲解简单命题与复合命题的概念、联结词使用要点、命题符号化方法以及公式与真值表等重点内容。在此环节中，教学助手扮演传统课堂中教师的角色，充分展示自主学习成果，并代表本组提出疑问；其他学生可与教学助手互动答疑或提出新问题。教师需专注聆听展示内容，及时记录学生的创新观点，并通过言语表扬或加分等方式给予激励，为后续教学营造积极氛围。每位学生展示后，教师应着重点评其亮点，并对讲解内容进行必要补充。此环节约占课堂总时长的 60%。

（3）全部教学内容结束后，教师需系统总结命题逻辑的核心难点与重点，包括命题悖论、析取联结词的相容性与排斥性差异、蕴涵联结词的使用要点，以及命题公式真值表的解读方法。

（4）通过课前预习、课堂讲解与教师补充，在完成基础教学目标后进入应用阶段。教师预留 5～8 分钟供小组讨论预留问题，要求各组提出解决方案。该问题作为课程内容的延伸拓展，旨在提升学生的探究能力与合作能力。教师需全程参与小组讨论，通过答疑指导推进讨论进程，同时掌握整体教学节奏。

（5）课程结束前约 2 分钟，教师应对课堂内容与学习过程进行全面总结，强化学生对知识体系的整体认知，并对表现优异的个人及小组给予表彰。最后布置课后总结任务，并提前下发下次课程的预习问题。

3. 课后

一次课结束后应当包含教师的教学反思和学生的学习总结。

（1）教师教学反思　主动式课堂活动结束后，并不意味着学习活动的终结。课后，教师需基于跟踪采集的学生活动数据，进行系统分析，全面把握班级整体学习状况，包括学生取得的进步、存在的共性问题以及班级学习动态。针对典型学生个案和突出问题，要深入分析并制订改进措施。同时，教师应对整个教学过程进行反思，总结得失，从而在后续教学中取长补短，更有效地发挥主动式课堂的优势。

（2）学生学习总结　课后，学生应进行自我反思，对前期学习过程进行回顾与思考。重点反思学习态度是否端正、投入程度如何、自主探究是否深入、合作学习参与度怎样，以及是否勤于思考并提出问题、主动帮助同学解决问题等方面。通过这种反思，总结有效经验，发现不足之处，为后续学习提供改进方向。

第三节　主动式教学法的应用体会

一、主动式教学法的注意事项

（一）关于预设问题

预设问题的难度应适中，建议结合学生已掌握的知识和即将学习的内容进行综合分析，最终得出解决方案。每次课堂以设置 5～6 个问题为宜。解答问题时，需合理控制时长，以提高课堂效率。

（二）关于导读方案设计

设计导读方案时，除需总结教材内容外，还应拓展知识的应用范围。通过导读方案，学生能清晰了解学习目标及知识应用前景。教师可根据课程需求划分模块，建议包括：总体课程引入、分章节内容引入、学习目标、内容提要、题型及解法、实例应用、知识拓展等。

（三）关于重点难点微视频录制

录制课程重难点微视频时，应聚焦真正的重难点内容，以便帮助学生提前解决疑难问题。视频时长建议控制在 2 分钟以内，便于学生利用碎片化时间学习。

（四）关于主动式课堂

主动式课堂上，学生的表现形式多样，例如，担任教师助手、质疑教师或助教的讲解、回答问题、讨论并发表正确见解等。教师需敏锐捕捉学生的每个闪光点，及时肯定其学习效果，以增强其进一步主动学习的积极性。

（五）关于主动式课堂参与者评价

采用"主动式"教学法的课程，建议考核方式为过程性考核（40%）与终结性考核（60%）相结合，其中终结性考核通常为期末闭卷测试。对于表现突出的学生，经教师和班级同学遴选（不超过班级总人数的15%），可免于闭卷考试，其期末成绩由过程性考核（80%）和课程学业报告（20%）构成。

遴选优秀学生可从第二堂课开始，由考核小组对其课堂表现进行评分，内容包括：担任教学助手的次数与质量、课前/课中/课后测试效果、课后作业完成质量等。教师为各项目设定总分，考核小组根据完成情况赋分，并每隔 4 周公示得分。

教师应根据课程性质，组织不少于 4 次总结性串讲与内容应用考核，其中最后一次串讲须涵盖课程主要内容。每次串讲及考核的分值可由教师根据教学内容设定，建议重点章节和末次串讲、考核的分值占比不低于60%。考核小组需对参与串讲的学生进行评分，教师应在每次串讲后向班级公示成绩。待全部主要内容串讲及最终考核结束后，排名前15%的学生可获免试资格。

二、主动式教学法的应用心得

（一）教师的体会

1. 主动式教学法能够提升教师的教学能力和水平

这种教学方式对教师提出较高要求：需要设计基于新知识点的合适问题——既要有趣又具备适度难度，既不能过于深奥也不能过于简单，要确保学生通过探究能够解决；需要提前编写拓展知识的课程导读方案；甚至还需录制讲解重难点知识的微视频。通过准备这些丰富的教学资源，教师的教学能力自然得到提升。

2. 主动式教学法能激励学生提前自主学习

预留问题不仅为预习指明方向，更能激发学生的求知欲，促使他们通过各种途径寻找答案。课堂采用分组教学形式，便于展开讨论——当某个知识点理解困难时，通过多角度探讨能促进思维碰撞，这种学术交流对大学生尤为必要。

3. 主动式教学法可引导学生主动学习

教师作为课堂的"总导演"，通过导读方案、微视频等资源引导学生开展自主学习。

4. 主动式教学法有助于培养学生自主学习习惯并拓宽视野

课堂为学生提供交流平台，使其能取长补短；开放式问题的设置更能拓展学生的思维视野——这也正是该教学法的意义所在。

5. 主动式教学法能提升学生的团队协作能力

分组教学模式下，学生为解决问题需要密切配合，这种合作过程自然培养了团队精神和分工协作能力。

（二）学生的体会

1. 主动式教学模式激励我们积极思考

每次课前，我们都会带着问题预习下一节内容，研读教材、辅导书和导读方案，观看微视频或网课，寻找答案。期末时，明显感觉自主学习能力得到提升，我们十分享受这个过程。这种教学模式虽需投入更多时间精力，却让我们体会到学习的乐趣，也逐渐爱上了这种学习方式。

2. 主动式教学模式促使学生多渠道获取学习资料

在课前，同学们会主动查找相关视频资料，或参考其他院校学生对重点难点的解读。课堂采用分组讨论形式，通过多角度交流深化理解。正如"一个人可以走得很快，但一群人可以走得更远"，学术交流对大学生尤为重要。

3. 老师引导我们主动学习

老师乐于与我们交流，解答疑惑，分享学习经验和体会，为我们的思维打开新视野。即使我们因预习不足出现错误，老师也会耐心纠正，每次订正都加深了我们对知识的理解。

4. 同学们养成了主动学习的习惯，拓宽了视野

在主动式教学中，大家通过网络资源自主学习，相互交流。这让中医药大学计算机专业的学生充满希望和安全感。"心若向阳，何惧风雨？"能在热爱中前行，实为幸事。

5. 培养了团队精神和协作能力

每次新课前，我们以小组为单位讨论解决方案，这改变了以往同堂听课却缺乏交流的状况，既增进了同学情谊，又提升了团队协作能力。

6. 主动式课堂让我们收获了友谊

在大学里，传统课堂往往停留在老师授课、学生听讲的单向模式，课堂上师生互动与生生讨论较少，课后学生也鲜有机会与老师交流。例如，有些老师虽已任教数学期，但我们对其认知仍仅限于姓名；即便是课堂上较为活跃的学生，老师也未必能叫出他们的名字。相比之下，采用主动式教学的老师即便只任教一学期，往往就能认识并记住大多数同学的姓名。这种互动让每位学生都感受到被关注，从而激发学习动力——大家会更积极地回应课堂提问，这本身就是主动学习的驱动力之一。尽管学习过程中难免遇到困难与错误，但我们收获的不仅是知识，更重要的是养成了主动学习的习惯。

第十一章　体验式教学法

学生的学习活动是学生主体在认知、情感、意志等层面的全身心投入。教育不仅要让学生获得知识滋养，更要通过感受与体验，使其对生命意义的领悟更加深刻。正因如此，作为教育过程的本质特征之一，教育中的体验问题已成为近年来学界关注的焦点。

第一节　体验式教学法概述

体验式教学法（experiential learning）源远流长，其思想至少可追溯至17世纪夸美纽斯（J. A. Comenius）主张儿童主动参与的"游戏教育"理念。作为一种教学方式，它萌芽于第二次世界大战时期的生存训练课程。20世纪80年代初，美国组织行为学教授大卫·库伯（David Kolb）创立循环模式教学理论，从哲学、社会学、心理学等学科视角系统阐释了体验式教学模式，这一理论被视为该教学法正式确立的标志。1999年，我国少工委在第四次全国少代会工作报告第六部分明确提出"在实践中体验"的教育理念。

一、体验式教学法的概念

（一）体验的内涵

体验式教学的关键在于体验。汉语中"体验"一词的语义可追溯至《淮南子·氾论训》所载"故圣人以身体之"。《现代汉语词典》将其解释为"通过实践认识周围事物；亲身经历"。英语中对应词汇"experience"，

《柯林斯高阶英汉双解学习词典》释义为"通过长期从事某项工作或活动而获得的知识与技能"。

不同学科对体验概念的界定各有侧重：经济学视域下，体验是商品服务心理化的产物，即"对刺激产生的内在反应"，体现为客户与组织互动时产生的心理冲击；哲学层面强调其作为"领会"的生命体验特质，认为这是与生存相关联的内在体悟行为；心理学则将其定义为多因素参与的心理活动，涉及情感、直觉等心理功能，当主体发现事物与自我的关联时，便会产生情感反应及深刻领悟。

体验的本质是实践中的亲身经历、认知与体悟，具有亲历性、情感性、生成性和自主性特征：亲历性体现为与主体生命历程的密切关联；情感性表现为贯穿始终的情感投射；生成性通过想象、移情等心理活动实现认知重构；自主性则强调主体在自我构建过程中的主动认知与超越。这些特性使体验形成的领悟具有持久性和渐进性。

【拓展知识：经验与体验】

经验是人们在实践过程中，通过感官直接接触客观外界而获得的对事物表面现象的初步认识，属于"感性认识"；体验则更强调通过亲身经历形成对事物独特的、具有个体意义的感受、情感与领悟。因此，经验通常是一种前科学的认识，指向事实世界；而体验则是一种价值性的认识和领悟，要求以身体之，以心验之，指向价值世界。简而言之，体验是从经验中提炼出的富有深意、诗意与个性色彩的特殊形态。

（二）体验式教学的定义

所谓体验式教学，是指教师根据学生认知特点和特定教学内容，通过创设实际或模拟情境，引导学生亲身实践并换位思考。这种教学模式让学生通过角色体验深刻理解知识，在具体场景中强化对教学内容的感知与内化。

体验式教学旨在依据学生认知规律，营造与教学内容相符的真实或模拟情境，激发学生积极健康的情感反应。这种方法不仅能提升学习主动性和效果，还能帮助学生快速准确掌握知识，促进其心理机能的协调发展。

二、体验式教学法的主要特点

体验式教学使知识学习不再局限于认知与理性范畴，而是扩展到情感、生理及人格等领域。这种教学方式使学习过程不仅是知识积累的过程，更是身心发展与人格健全的过程。在实际教学中，体验式教学具有以下特征。

1. 强调参与性

学习不仅需要思维参与，更要调动多重感官——用眼睛观察、用耳朵聆听、用语言表达、用手实践，通过身体力行获得直接体验，经由心灵感悟深化认知。这种全方位参与既是理解知识的必要途径，更是激发生命潜能、促进成长的关键。

2. 重视直接经验

从课程设置的角度来看，重要的是要将学生的个人知识、直接经验以及生活世界视为宝贵的课程资源。在教学方面，这意味着要激励学生主动解读和理解教科书，尊重他们的个人感受与独到见解，从而让学习过程充满个性色彩。而从学习的维度出发，则应把直接经验的改造与发展作为学习的核心目标之一，同时，要将间接经验融合并转化为学生的直接经验，使之成为其素质结构中不可或缺的要素。

3. 力求团体学习

体验式教学尤为注重学生的个人体验和感受，并强调将这些体验和感受与集体成员共享，进而将共享的成果应用于实践，这构成了体验式教学的终极目标。它作为一个过程，旨在促进集体成员间的互助学习、共同体验以及成果的深入交流与广泛共享。

4. 追求效果持久

体验式教学的成效源自学生的亲身参与、感受及交流。研究显示，

"我们仅能记住阅读信息的10%，听到信息的20%，却能铭记亲身经历之事的80%"。体验式教学巧妙地将"听-看-做"思维融入学习者的行动中，促使学习者在这一过程中实现角色转变，成为积极主动的学习主体。通过体验，学习者不仅获得了持久的知识，还深刻体会到学习带来的巨大乐趣。相较于传统教学模式，体验式教学的核心在于让学生通过亲身体验（如实验、实践）去感受、验证、应用并解决教学活动中的问题，进而发现、理解并掌握相关知识。这种方法以学生为中心，通过实践与反思的结合来获取知识、技能与态度，强调学生在教学过程中的主体地位，注重学生的自主学习、领悟与体认。它具备鲜明的亲历性、内发性、独特性，同时蕴含研究性与探究性，更加强调团队协作、情知融合与实践创新（表11-1）。

表11-1　体验式教学与传统教学的比较

比较要素	传统教学法	体验式教学法
学习模式	主要是单独学习	同学间相互学习和单独学习相结合
学习重点	教材学习和贯通专业知识	多层次学习，可探索专业知识以外的其他相关领域
学生角色	被动、单向接受（听、记、考）	全程参与（计划、执行、控制、反馈）
学习环境	公式化、限制性、环境枯燥	自由创新、轻松、灵活、激励性环境
学习责任	教师讲透，学生听懂	师生对学习效果共同负责
教师角色	讲者、评估者	体验情境构建者、引导者
教师任务	把自评适合的教学内容单向传递给学生	选择合适方法激励学生更深入、全面地体验问题、寻找更佳答案
评估重点	侧重考试成绩	注重体验过程与实际收获

三、体验式教学法的应用意义

体验式教学突破了传统的班级授课模式，缩减了教师在课堂上单纯的讲授时间，转而利用学生体验感悟和自主探究的能动性，充分激发学生的参与热情。它使学生在活动中习得知识，在主动中促进个人发展，在合作中增进理解，在探究中激发创新思维，旨在培养出全面发展的人才。相较于传统教学方法，体验式教学展现出诸多显著优势。

（一）丰富教学方式

在体验式教学法中，我们丰富了教学方式，将传统的"一言堂"转变为以学生为主体的对话式课堂。对话成为连接老师与学生、学生与学生、学生与书本之间的桥梁，通过彼此的深入交流，构建出一种网络式、立体化的学习模式。在对话的进程中，每个人的思维都处于活跃且开放的状态，学生的主动参与和积极体验能够激发各种新奇的想法，进而提升学生的创造能力。

（二）提高学习自主性

体验式教学法提高了学生的学习自主性，使学生成为学习的真正主体。在情景再现的过程中，学生没有被动、压抑或被钳制的感觉。体验增强了他们参与学习的愿望与热情，渐进的探索过程让学生的个性与自主性得到充分发掘。体验式教学法将情节串讲转变为主动体验的发现式学习，激发学生的主动精神，使他们对自己的学习负起主要责任，真正成为教学过程的主体。在这样的教学过程中，学生能够通过模拟情景等教学活动，掌握学习方法和学习内容。

（三）推动理论实践相结合

鉴于大学生毕业后往往要进入工作岗位，大学教育更应侧重实践环节与手脑并用。传统教学方式推崇灌输式理念，课堂上以教师讲授为主，即便是多媒体等辅助工具也主要充当灌输知识的载体。体验式教学法打破了这一传统束缚，将实践情境"移植"到课堂中，将实践教学融入教学之中。通过学生的实践体验和讨论总结，使他们更好地掌握理论知识，并学会将其运用到实践中。

（四）加快知识经验转换

学生在课堂教学中不断接受知识、积累经验，但这些知识和经验往往是平面的、抽象的，难以内化为他们独特的知识和经验结构。为此，需要在认识主体与认识客体之间建立一座桥梁，这座桥梁就是体验。通过体验这座桥梁，认识主体能够较快地进入认识对象之中，从物境到情境，再到意境，获得深刻的感悟。也就是说，体验式教学法打破了传统教学法机械孤立的学习状态，促使学生在解决问题时能综合运用已有的知识和经验，从而获得新的成果和感受。

第二节　体验式教学法的运用

从教育活动的初步规划与实际启动，直至教育效果的具体展现与广泛应用，体验式教学是由一系列紧密相连、循序渐进的环节精心构成的。

一、体验式教学法的实施步骤

体验式教学的操作可以分为三个阶段。

（一）准备阶段

该阶段的主要任务是教学过程的规划与设计，即教师根据教学需求进行科学策划、周密安排与系统部署，实质上是教师备课的过程。具体包括教学内容的编排、教学要求的制定、与教学内容相匹配的实践（体验）对象的选择、教学形式与手段的确定，以及教学工具的选用等。其中，核心环节是选择能与教学内容有机融合的实践对象及内容。由于体验式教学不仅注重知识技能的传授，更强调通过知识启迪心智、丰富情感、培育精神，因此在教学设计中需兼顾二者的平衡。

（二）体验阶段

体验式教学的体验阶段由体验、分享、交流、整合、应用五个环节构成，这些环节既相对独立又紧密关联，形成循环往复的过程。

1. 体验

体验过程是参与者通过观察、表达与行动投入活动，形成初始体验的基础阶段。该阶段以教师引导活动流程、学生完成体验任务为核心，通常占教学活动的主要时长，具体可分为以下步骤：

（1）**心理契约** 作为以学生为主体的教学活动，体验式教学要求所有知识均通过体验获取。因此在项目启动前，教师需与学生达成心理契约，内容包括：自愿参与课程；承诺遵守活动规则；尊重他人隐私；保证全程参与；无论遇到何种挑战均坚持完成。

（2）**破冰建队** 体验式教学多以团队形式开展，组建团队能增强学生的归属感，促进其全身心投入。破冰环节旨在帮助学生从心理和生理上做好活动准备。

（3）**布置任务** 教师需通过情景模拟与规则讲解，将教学意图准确传递给学生，并合理分配任务以调动学生的积极性。关键点在于把握实践活动的信息披露程度与具体要求：信息披露需明确活动目标与要求，同时兼顾激发学生创造力与实现教学目标之间的平衡。

（4）**实践体验** 学生按照任务要求、角色分配及操作规范进行实践活动，最终形成实践成果并在过程中获得体悟。教师须组织安全防护并监督执行；学生应充分理解任务要求，做好身心准备，在指导下通过活动产生多元心理与情绪体验。

2. 分享

分享是指参与者完成体验活动后，与共同参与或观察过该活动的其他成员交流感受和观察结果。受传统师生关系影响，在分享初期，教师宜采用"中立引导"的方式激发学生参与热情，避免因过早点评而抑制学生表达。建议使用开放式问题，如："刚才发生了什么？""你观察到哪些积极行为？""你采取了什么行动？""我们遇到了哪些困难？"

3. 交流

根据大卫·库伯的理论，体验式教学是"具体体验－反思抽象－概念检验－新体验"的循环过程。实现循环的关键在于：在个人分享的基础上，通过参与者之间的深入探讨，反思个体内在行为模式。本质上，交流是经验内化的过程，即通过对项目事件的感受讨论，分析这些事件对学生情绪产生的具体影响。

4. 整合

整合是从经历中提炼核心原则，通过系统化方式帮助参与者巩固学习成果。通常由教师引导学生回顾体验过程，通过精心设计的问题激发情感共鸣与理性思考。此环节要求教师具备：扎实的理论基础、精准的语言表达能力，以及营造良性讨论氛围的技巧。教师需把握两大要点：既要确保体验升华与教学目标一致，又要根据学生个性特点促成个性化感悟。因此，整合环节既是体验式教学的精髓，也是展现教师专业素养的关键所在，其核心挑战在于如何将学生多样的实践表现、心理体验与教学内容有机衔接，既阐释理论要义，又强化实践感知。

5. 应用

应用是指将体验成果迁移至实际工作和生活的过程。教师应结合现实情境，教授相关原理与方法，指导学生实践运用。通过将理念转化为行动，学生能逐步养成良好行为习惯，提升综合能力。值得注意的是，应用本身构成新的体验，由此开启新一轮学习循环，推动参与者持续成长。

（三）评估阶段

该阶段是师生进行自我评估与总结的过程。首先，学生通过亲身体验，对教学内容及自身实践进行归纳与提升；其次，教师通过总结教学方法的运用经验，为后续教学改进奠定基础。在体验式课程中，约60%的时间用于项目实践，40%用于讨论与反思。课程强调学生参与和团队协作，注重心理体验与思想投入。教师会重点梳理教学中的关键事件，以强化学生的切身体验，促进他们将感悟转化为实际生活与工作中的能力。

二、体验式教学法在"管理学基础"中的运用

以《管理学基础》的"决策"章节中"决策的影响因素"内容为例，

采用教学游戏方式引导学生参与游戏、体验和思考，实现教学目标。在教学设计层面，准备阶段尤为关键。该阶段需基于教学内容与目标，结合课程特点和学生情况，设计游戏流程并规划体验引导方案。

（一）课程与学生分析

"管理学基础"作为管理类专业的核心必修课，主要阐述以人性分析为基础的管理学基本原理。这些原理具有宏观普适性，表面看似浅显易懂，但缺乏数理学科般的严密逻辑性。该课程通常开设于大一或大二上学期，此时学生尚未形成系统的管理思维，但在新媒体环境下容易获取碎片化知识。学生普遍反映"课堂理解容易但实践无感""理论认同却难以系统掌握"，容易产生学习倦怠。因此，需要通过体验活动帮助学生深入理解人性特征和潜在规律，实现认知升华。

（二）教学目标设定

本节重点探讨决策的影响因素，旨在使学生掌握决策主体因素（思维习惯、风险态度、能力水平、价值观、群体融合度）、决策环境因素（组织文化、信息化程度）以及决策过程因素（沟通方式、内容与效果）等核心要素。在本次体验式教学中，将重点聚焦以下典型影响因素：决策目标的明确性与长远性；决策信息的完整性与时效性；预测结果的准确性；个体与群体决策的契合度；共赢理念与市场竞争；诚信原则与组织利益；沟通方式与实施效果。

（三）教学游戏的设计

1. 设计目标

通过模拟企业实际管理与决策场景的游戏，体验管理者决策的影响因素及其影响。

2. 时间安排

课程总计90分钟，其中游戏任务布置与前期沟通10分钟，游戏体验过程40分钟，游戏分享与反馈40分钟。

3. 游戏设计

（1）**游戏背景**　游戏名为"红黑游戏"，设定了一个特殊的企业决策场景：参与者通过选择红票或黑票来决定企业生存状况。游戏背景设定为甲、乙两家公司（学生分为两组分别代表两公司管理层），初始流动资金均为 300 万元，市场总容量约 1200 万元。当公司流动资金首次≤0 时将给予 ST 警示（类似上市公司面临破产风险）；第二次≤0 时则宣告破产退出游戏。双方需进行十轮交锋，每轮同时决策选择红票（降价销售）或黑票（不降价销售），目标为实现公司利益最大化并争取双赢。

（2）**游戏角色**　游戏中共有四类人员：①信息联络员（每队 1 名）：仅负责传递真实市场信息，无发言/投票权，禁止窥探对方信息。②队长（每队 1 名）：组织决策过程，享有发言权及 2 票投票权。③秘书（每队 1 名）：记录决策过程并公示结果，有发言权无投票权。④管理人员（其余队员）：享有发言权及 1 票投票权。

（3）**游戏过程**　两队分处不同教室进行多轮投票。每轮结束后由联络员互通投票结果。第 3、6 轮后，队长可携秘书与对方进行协商。

（4）**计分规则**　双方均出黑，则各得 30 万；双方均出红，则各扣 30 万；一方出红、一方出黑，则出红者得 30 万，出黑者扣 30 万。同时，在第 3、6、10 轮的得分要将本轮投票得分分别乘以 2、3、4，也就是第 3、6、10 轮的分值则由其他轮次的 ±30 万，变成了 ±60 万、±90 万、±120 万。

（5）**投票规则**　投票按"少数服从多数"原则，有弃权票则须重新投票（不得弃权）。并且按如下时间要求：第一笔交易须在 15 分钟内完成，否则扣 50 万；第三笔、第六笔、第十笔交易均需在 5 分钟内完成，否则扣 30 万（还要乘以相应系数）；其他轮次须在 3 分钟内完成，否则扣 10 万。

（6）**其他规则**　信息员在信息沟通过程中，只告诉对方信息员投票结果，不告知不同票人员数，并且需要双方同时展示本方选择；在双方沟通时，其他小组成员不得直接接触，秘书只负责记录，不得直接参与交流；两次交流的时间均需控制在 5 分钟以内；任何一方的成员不得通过任何方式诱导、威逼对方成员，不得向对方泄露本方信息，违者扣 50 万。

（四）教学游戏的解读

任何体验情境的设计，均旨在实现最终的体验升华。因此，在设计过程中，结合教学目的，清晰界定每个情境中的预期体验至关重要。以本次游戏设计为例，我们期望达成的体验包括：决策目标需明确，兼顾长期与短期；决策信息力求详尽；机构内外部沟通需顺畅且充分；合理预判对方行为及双方收益；强调诚实守信作为组织的社会责任；追求共赢，超越个体利益局限。该游戏的设计在规则与流程中融入了这些要素。

首先，游戏被划分为十个轮次，每轮结束后方可进入下一轮，以此体现决策效益是单轮与十轮中长期收益的综合考量。同时，在体验过程中，教师引导学生通过假设，预设十轮后的情境。

其次，游戏中信息员仅通报各方投票总数，不透露具体投票详情，以此模拟信息的不对称性。在分享讨论环节，教师依据各组发言，适时披露本方与对方投票的详细信息，尤其是红黑票比例及反对者发言等，通过信息的完整呈现，促使学生对既有认知进行反思。

再次，设计本方与双方的沟通环节，旨在让参与者深刻体会沟通顺畅与充分的重要性，特别是面对"有理却不被采纳"的情境，从而加深对沟通目的、方式、方法及技巧的认识。此过程中，建议采用录像或录音方式记录学生讨论的特殊情境，特别是表达不清导致误解或不被接受的情况。同时，鼓励信息员与秘书积极发言，尽管他们在队内、队间沟通中"多听少说"，但置身事外往往能更清晰地洞察沟通问题。

最后，游戏目标设定为最大化公司利益并力求双方共赢，旨在深化对共赢理念的理解，特别是在公司利益框架下，如何实现共赢。同时，这也构成了对决策目标的"干扰"：公司的决策目标应是战胜对手、击败对方，还是携手共进，共攀高峰？

第三节 体验式教学法的应用体会

一、体验式教学法的注意事项

（一）把握体验式教学法的四大要素

体验式教学法并非一种孤立的教学形式，而是涵盖了多种教学方法的一个总称。故而，它的表现形式丰富多样，诸如案例教学、情景模拟、参观实习、角色扮演、体验式游戏、沙盘推演、小组讨论等，均属其范畴。体验式教学法植根于建构主义教学理论、认知发展理论、情知教学理论以及布鲁纳的发现学习模式等基础之上，同时融合了大卫·库伯的体验式学习循环模式、杜威的经验自然主义与实用主义教育理念、罗杰斯的人本主义教学观，以及戴尔的"经验之塔"理论。

依据大卫·库伯的论述，体验式教学法包含四大核心要素：首先，是对周遭事物进行细致入微的亲身体验；其次，通过观察与反思，对体验和经历进行总结、归纳及深入分析，进而开展批判性思维的探讨；再次，将生活中观察到的现象与思考的问题整合，提炼出抽象的概念；最后，将归纳总结的理论应用于实际生活中，通过实践来验证概念的意义。

（二）遵守体验式教学法的四大要求

体验式教学法，作为一种贴合时代需求的教学模式，在教学理念、方法、手段及评价体系等方面展现出创新性，已广泛获得教育界的认可与应用，同时，它也有其特定的历史背景与实施条件。凭借其诸多优点，体验式教学法拥有广泛的应用领域，但对教学主体、对象、内容及环境均有特定要求。

1. 教师要求

体验式教学要求教师设计与教学内容、要求紧密契合的体验情境，并有效引导学生形成深刻的体验。因此，对教师素质提出了高要求。教师须具备扎实的理论基础，丰富的实践经验，以及熟练运用现代教育技术的能力。

2. 学生要求

体验式教学的核心在于"体验"，这一过程涉及学生将参与过程转化为个人经验，并进一步升华为个性化体验。这就要求学生具备高度的主动性和参与意识，以及分析与解决问题的能力。

3. 内容要求

虽然大多数教学内容均可转化为体验内容，但体验式教学并不能完全替代知识的传递与学习过程。尤其对于逻辑性强、基础性的知识，体验式教学可能并不具备明显优势。因此，体验式教学法更适合于实践性强的学科、专业及教学内容，尤其适用于那些看似易懂但需深化思想、触动人心的内容。

4. 环境要求

实施体验式教学法通常需要辅助设备、特定场地及相匹配的教学评价体系。因此，学校在资金、设施上应给予支持，并建立全过程、多元化的师生评价体系。

二、体验式教学法的应用心得

（一）遵循基本规律

体验式教学法在使用过程中，需要遵循如下原则与规律。

1. 主体性

体验教育是教育对象通过亲身经历、自我作用而实现提高与升华的过程。它必须充分尊重学生的主体地位，教育者应避免说教、灌输以及包办代替的做法。在此过程中，要充分发挥学生的主体作用，高度重视学生的亲身参与，同时也要兼顾全体学生，致力于促进学生的全面发展，尤其是在世界观、人生观、价值观以及道德品质方面的塑造与形成。

2. 差异性

学生在性别、年龄及生长环境上的差异，导致他们对事物的认识程度各不相同，同时，学生的自主能力也呈现出多样性。因此，在开展体验教育的过程中，必须充分考量教育对象的个体差异，兼顾学生个性的发展与互补原则，做到因材施教。

3. 创新性

在运用体验式教学法的过程中，应持续融入新视角、新理念与新思路，以推动教学方法及内容的创新。例如，可将故事模式融入体验式教学之中，让学生结合在家庭、学校、社会及大自然中的亲身经历，与体验升华的成果相联结，进而重塑未来的行为场景，达成教学的应用目的。

4. 体验性

实践证明，丰富多彩的体验活动能够有效促进学生增长知识、掌握技能，并在潜移默化中帮助他们养成良好的行为习惯。为了更有效地达成这一目标，体验活动应力求生动活泼，贴近学生的实际生活，重视活动过程中的学生体验与感受，同时着重培养学生的实践能力，确保学生在参与活动的过程中真正受到教育。

5. 发展性

体验教育着重于目标的发展性，旨在通过体验活动促使学生实现真正的进步与发展。这里的"真正"意指实际、根本、持久乃至终身性的成长。同时，发展需呈现阶段性，与学生的不同学段学情相契合。此外，体验活动还需确保发展阶段之间的连贯性，在尊重差异性的基础上，实现前后学段之间的有效衔接与延续。

（二）树立正确观念

体验式教学过程中，需要把握重点，树立正确理念。

1. 重点是体验后的分析和总结

仅有体验而缺乏深入分析与总结，体验便只能局限于浅薄的表层感性认识，无法达成其应有的目的。如此一来，案例教学便沦为单纯的故事讲述，游戏也仅仅被视为娱乐活动。

2. 形式要为教学内容服务

形式需与学习内容紧密关联，经过精心设计并周密组织。它不仅要能够激发学生的学习兴趣，还要能让学生通过这一形式深入理解学习内容，最终实现学习目的。

3. 改变考核学生的内容

学习方式需进行改革，同时考核方式也亟待变革，不应再局限于对学生理论记忆能力的考查，而应着重考查其思考能力、分析能力及解决问题的能力。唯有考核内容发生转变，方能促使学生从根本上改变学习方式，并促使教师调整其教学方式。

4. 体验式教学法不能排斥理论

强调体验，并非排斥理论学习。体验旨在促进对理论的阐释、理解与运用，理论学习因此显得尤为重要。理论作为指导实践的基石，缺乏其指引，就如同在黑暗中盲目摸索。

5. 了解学生的基本情况

并非所有体验活动与项目都能适用于每位学生。因此，在每次备课之前，务必高度重视备学的价值。备课及上课前，需及时把握学生的学习需求及人员构成等情况，并据此结合教学目的与内容，优化教学安排。尤为重要的是，体验式教学的精髓在于分享交流与整合应用，这一过程建立在充分的思想碰撞基础之上。鉴于此，多数体验式教学活动不宜在大班级中实施，而应采用分组教学、分期分批授课等形式进行，建议每组人数控制在 5～8 人。

6. 熟悉操作流程与分享设计

在教学活动中，对活动及项目的介绍应言简意赅，便于学生理解，避免师生因操作规则产生分歧。分享时可运用心理学知识，激发学生的参与热情，促进情感升华。例如，采用"竞争性"设计，既能满足学生的求胜心理，又能激励其积极参与和分享。此外，需特别留意欲言又止的学生，适时以眼神等方式给予鼓励。

7. 强化教师情境提炼能力

有计划地选择、设计和构建符合教学目标、内容与方法的情境活动，是应用体验式教学法的关键。这对教师提出了较高要求，需要教师善于观察与思考，不断从生活实践、工作实践及其他领域汲取经验，创设出契合课程需求的教学情境。

第十二章 趣味教学法

第一节 趣味教学法概述

一、趣味教学法的概念

趣味教学法是在建构主义学习理论指导下，以提升学生学习效果为目标，以激发学生心理情趣为切入点，教师通过幽默智慧的言行及吸引学生兴趣的方式调动其学习积极性，使学生产生愉悦感并主动将这种状态迁移到其他知识的学习中，从而提升教学效率的一类教学方法的总称。该方法要求教师将学生感兴趣的问题或生活实际问题融入课堂，通过类比、联想等方式引出知识点，解决教学问题，使抽象知识得到具体应用。

二、趣味教学法的主要特点

与传统教学法相比，趣味教学法以激发学生兴趣为前提，将课堂与生活紧密结合，创设和谐的教学情境，旨在帮助学生形成良好的情感态度和价值观。其核心理念是：学生基于需求和兴趣主动、积极地学习，而非被动接受外部干预。因此，任何能激发学生学习兴趣的方法和手段均可纳入趣味教学法范畴。

实施趣味教学法，首先需把握兴趣的属性和特征。教师应在研读教材、分析教学实际的基础上，通过揭示矛盾、创设情境，突出教学重难点，激发并维持学生的兴趣，使其集中注意力，从而主动思考、分析和解决问题。其次，语言掌握需要经历"内化"过程，即建立词语符号与神经网络中相关表象或概念的对应关系，形成"命题表征"的组合编码。为此，教师需将语言与具体事物、现象或概念关联，借助教具、图片、录像等辅助手段实现这一目标。

三、趣味教学法的应用意义

孔子曰："知之者不如好之者，好之者不如乐之者。"爱因斯坦曾言："兴趣是最好的老师。"人们天然偏爱有趣的事物，因此教师在课堂各环节中增添趣味性，不仅能引导学生好学习、乐学习、善学习，更能显著提升师生互动的效果与效率。

第二节　趣味教学法的运用

一、趣味教学法的实施步骤

（一）课程导入环节的趣味教学法运用

课堂教学的导入如同小说的引子、戏剧的序幕、乐章的前奏，具有集中注意力、酝酿情绪、激发兴趣、明确目标等重要作用。通过巧妙的课程导入，既能让学生初步了解学习内容，激发求知欲，又能使其明确学习目的。教师应依据教学内容和学生特点，采用设问解疑、情境创设或对比引导等方式，为新课营造良好的教学情境。

（二）授课过程中的趣味教学法实施

在具体教学过程中，教师可结合学科特点、教学目标及学生年龄特征，灵活运用情景模拟、谜语竞猜、对联游戏、顺口溜或典故穿插等方法。这些手段既能吸引学生注意力，又能培养其思维能力和想象力，在活跃课堂氛围的同时提升学习兴趣。

（三）课程收尾阶段的趣味教学法应用

二、课程结束时同样适用趣味教学法

针对理解性重点难点，可设置精巧疑问引导学生探究，实现触类旁

通；对于机械记忆内容，可转化为故事、情境或记忆口诀等有意义材料；还可预留与后续课程相关的趣味话题或精彩片段，激发学生对下堂课的学习期待。

三、趣味教学法在"天然药物化学"中的运用

（一）以"天然药物化学"为例展示在趣味教学法指导下的说课

1. 引言

"天然药物化学"是药学专业的核心课程之一，它运用有机化学、分析化学等理论与方法，研究以中药为代表的天然药物所含化学成分。通过与药理学相结合，该学科能够阐明传统中药的用药依据，因而成为传统中药向现代中药转化的桥梁，在中医药现代化进程中发挥着不可替代的重要作用。通过本课程教学，学生将掌握各类天然产物的结构特征、分类方法、理化性质等基础理论知识，以及提取分离、结构鉴定等基本实验技能，从而培养学生的逻辑思维能力和实践操作能力。本堂课讲授"苷键酶催化水解及其应用"内容，此前已学习糖和苷的结构特征与分类，后续将学习其提取分离方法。鉴于分论中各类成分均可与糖结合形成苷，因此本节内容在第二章乃至整个课程体系中具有承上启下的关键作用。在教学过程中，本课的教学方案设计遵循以下几个原则。

（1）以旧带新原则　注重与有机化学、分析化学、波谱分析、中医药学概论、药用植物与生药学等先修课程的衔接，运用已有知识帮助学生理解新知识；强化本课程已学章节与新学章节的对比分析，通过辨析异同点把握知识本质。

（2）理论与实践结合原则　课程教学注重理论与实践相结合，将天然药物开发科研成果融入课件，实现教学与科研的有机统一。加强与药学、药剂类专业同步开设的药剂学、药物分析等课程，中药专业后续的中药药理学、中药炮制学等课程，以及现代药物资源开发、新药研究等课程的关联，阐释传统用药与制药原理，展现学科应用前景与发展潜力。

（3）知识性与趣味性相统一原则　采用多元化教学形式激发学习兴趣。多媒体课件既用严谨文字阐述概念、性质及方法，又配以生动动画、药用植物与生药标本图片、中成药及天然药物开发案例图示，辅以自绘结构图、流程图表等，实现图文并茂；通过理论讲解结合实例演示，使抽象知识直观化、趣味化。

（4）教法学法并重原则　课堂教学不仅传授知识，更指导学生掌握高效记忆方法。例如，针对苷键酶催化水解法的特异性记忆难点，教师独创记忆口诀，帮助学生牢固掌握知识，使学习过程既高效又生动。

（5）师生互动原则　通过课堂提问、情境讨论等方式设置认知冲突，引导学生主动思考，提升课堂参与度与活跃度。

2. 教学目标

根据《教学大纲》要求，结合本课内容特点与学生现有知识基础及认知能力，制定以下目标。

（1）知识目标　掌握苷键酶催化水解的专属性；理解苷键酶催化水解的可控性与温和性。

（2）能力目标　在教师引导下，学生能综合运用有机化学、生物化学等知识，结合中药药理学研究进展，推导苷键酶催化水解在黄芩炮制研究中的应用，提升逻辑思维能力。

（3）情感目标　激发学生对天然药物化学的学习兴趣。

3. 备课要求

（1）备教材　选用人民卫生出版社第 6 版《天然药物化学》。该教材的不足之处在于缺乏配套插图，导致学生自主学习兴趣不足。教学中将通过直观教学法弥补这一缺陷，具体方法见后续"教学方法"部分。

（2）备学生　授课对象为科技学院高年级药学专业学生。其特点为：形象思维能力和好奇心较强，但理论基础及逻辑思维较薄弱；主要困难在于对有机化学、生物化学等前置课程知识的遗忘率较高，而本课需运用这些知识推导苷键酶在黄芩炮制中的应用。此外，学生对酶专属性知识的当堂吸收也存在困难。

（3）备重难点 教学重点：苷键酶水解法的专属性；教学难点：苷键酶催化水解在黄芩炮制研究中的具体应用

（4）备方法

1）学法：坚持"以学生为主体，以教师为主导"的原则，融合建构主义教育理念，针对本课内容的特点和学生情况，给学生提供以下学法指导。

①目标学习法与自学学习法相结合：授课前，教师应明确本堂课的教学目标与重难点，要求学生先自学课程内容并自我检验学习成效；对于生物化学中已遗忘的酶类知识，学生可利用教师提供的参考资料进行复习巩固，实现自我矫正与补救。在此基础上，学生可提出自学中产生的疑问，通过查阅教师提供的网络学习资源获取新知，未解决的疑惑留待课堂解决。

②联系学习法与合作探究法相结合：课堂教学中，学生在教师启发式引导下积极参与师生互动，以课前复习巩固的旧知为基础，结合教师讲授的黄芩中药药理学研究最新进展，通过小组讨论推导苷键酶催化水解在黄芩炮制研究中的应用，从而构建新的知识体系。

2）教法：基于"教法服务于学法"的原则，结合对启发式教学模式和建构主义学习理论的理解，针对本课内容特点及学生情况，采用以下教学方法与讲授法相结合：①直观教学法：通过展示黄芩等中药材炮制品实物，让学生观察触摸，同时配合多媒体技术呈现生药图片、化合物结构图及黄芩苷片（现代中成药治疗肝炎的实例），实现传统媒体与现代媒体的有机结合。这种多感官参与的方式，将抽象的文字知识转化为直观体验，既能激发学习兴趣，又能降低理解难度，有效提升教学效果。②体验式教学法：通过组织学生品尝糖果、草类和苦杏仁等实践活动，帮助其当场掌握常见酶的专属性特征，具体实施细节将在后续教学环节展开说明。③联系教学法：注重学科间知识衔接，以学生已学的生物化学、有机化学知识为基础，结合中药药理学最新研究进展，引导学生推导苷键酶催化水解在黄芩炮制研究中的应用。这种贯穿逻辑关系的教学方法，既体现了理论联系实际的原则，又有助于培养学生的逻辑思维能力。

（5）备教学过程

1）导言（2～3分钟）：由日常生活和黄芩的炮制之争导出本堂课内容：苷键酶催化水解。

【举例并提问】

人为什么不能靠吃草过活？黄芩的炮制方法哪种更合理？

南方：黄芩有小毒，必须用冷水浸泡至色变绿去毒后，再切成饮片，叫淡黄芩。北方：黄芩遇冷水变绿影响质量，必须用热水煮后切成饮片，以色黄为佳。

复习提问、导入新课。

【提问】

什么是苷？什么是原生苷、次生苷和苷元？（简单介绍）

【承接】

今天我们这堂课学习苷键酶催化水解。

介绍本次课内容、目的要求、重点和难点。

本次课内容：苷键酶催化水解。

2）讲述新课：多媒体演示，随堂提问。

【教学内容】

苷键酶催化水解（重点讲解，13～15分钟）。

【承接】

由旧知识导出新知识。

生物化学第三章：酶与辅酶。

生物细胞之所以能在常温常压下以极高的速度和很大的专一性进行化学反应，这是由于生物细胞中存在着生物催化剂——酶。

【引证】

定义：酶是生物体活细胞产生的具有特殊催化能力的蛋白质。

特性：酶作为一种生物催化剂不同于一般的催化剂，它具有活力可控、条件温和、专属性高等催化特点。

三大特性：可控性、温和性、专属性

可控性：渐进水解（简单介绍，2～3分钟）。

温和性：室温40℃（重点讲解，2～3分钟）。

酸水解往往使苷元脱水或异构化酶水解不会破坏苷元结构，但原苷元碳苷只能用此方法获得原苷元。尤其适用于碳苷，它只能用此方法获得原苷元。

专属性（重点讲解，4～5分钟）：

α-苷酶：只水解α-苷。

β-苷酶：只水解β-苷。

麦芽糖酶：只水解α-葡萄糖苷。

纤维素酶：只水解β-葡萄糖苷。

苦杏仁酶：水解β-葡萄糖苷和其他糖苷。

【体验式教学】

让学生品尝糖果与苦杏仁，再结合图片和生活常识理解常见酶的专一性。酶水解苷键可用于测定苷键构型，同时保持苷元结构不变，或保留部分苷键获得次级苷及低聚糖，从而确定苷元与糖、糖与糖之间的连接方式。最后，通过解答课程初始提问引出下个问题及下节课内容（启发讲解，1～2分钟）

【举例】

黄芩的炮制哪种方法更合理？

3）小结归纳环节、反馈练习（1～2分钟）。

以上是我对《苷键酶催化水解及其应用》教材这节内容的理解与教学设计。在课堂教学中，我首先引导学生回顾生物化学中关于酶的基础知识，随后采用建构主义教学策略，系统推导苷键酶催化水解的三大特性及其应用。同时，结合中药药理学中黄芩的最新研究进展，引导学生科学推导出黄芩的炮制方法。通过这种循序渐进的教学方式，不仅帮助学生牢固掌握专业知识，更培养了他们的科学思维方法。

（二）以"天然药物化学"为例展示在趣味教学法指导下的教学方案

（1）导言（1分钟） 由日常生活和黄芩的炮制之争导出本堂课内容：苷键酶催化水解。

师：人为什么不能靠吃草过活？

生：不知道，草中没有葡萄糖，草不消化等。

师：黄芩的炮制方法哪种更合理？如对于黄芩炮制的研究。黄芩有浸、烫、煮、蒸等炮制方法。（互动：直观教学法展示实物）

生：不知道。

师：想知道为什么？请跟着老师一起来学习今天的知识，在此之前我们先复习下前面的知识。

（2）复习提问、导入新课（2分钟）

师：什么是苷？什么是原生苷、次生苷和苷元？（简单介绍）

生：苷类，又称配糖体（glycoside），是由糖或糖的衍生物等与另一非糖物质通过其端基碳原子连接而成的化合物。

（3）介绍本次课内容、目的要求、重点和难点（1分钟）

【承接】

师：本次课内容：苷键酶催化水解。

目的要求：了解生物化学中酶的知识。熟悉苷键酶水解法的可控性和温和性。掌握苷键酶水解法的专一性。

重点：三大特性。

难点：三大特性的具体应用。

（4）教学内容：苷键酶催化水解（13～15分钟）

【承接】

由旧知识导出新知识。（互动：联系教学法）

师：生物化学第三章酶与辅酶大家都学过，那么请问大家记得什么是酶吗？

生：蛋白质。

师：常温常压下以极高的速度和很大的专一性进行化学反应，这是由于生物细胞中存在着生物催化剂——酶。那么酶反应有什么特性？（图12-1）

生：条件温和、专属性高。

师：还有酶活力可控，你们知道吗？

生：不太懂。

师：好，请看酶反应的第一个特性［多媒体演示；讲授法］

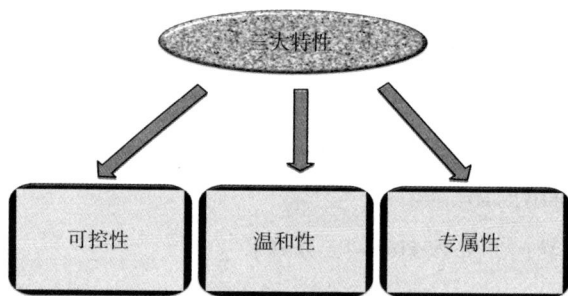

此草图为教师本人自绘

图12-1 酶的三大特性

1）可控性（简单介绍，2~3分钟，图12-2）：用酶水解苷键可以得到次级苷或低聚糖，以便获知苷元和糖、糖和糖之间的连接方式。（多媒体演示；讲授法）

一、苷键酶催化水解的特性

（一）可控性

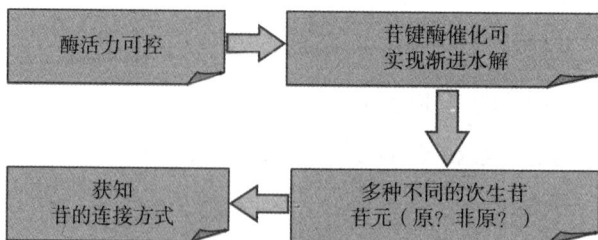

此草图为教师本人自绘

图12-2 酶的可控性

2）温和性（重点讲解，2~3分钟，多媒体演示；启发式教学法，图12-3）：酸水解往往使苷元脱水或异构化；酶水解不会破坏苷元结构，可得到原苷元。碳苷只能用此方法获得原苷元。

一、苷键酶催化水解的特性

（二）温和性

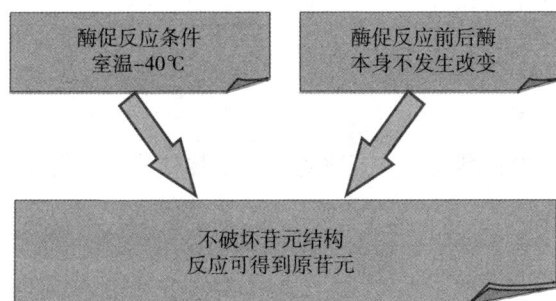

此草图为教师本人自绘

图12-3　酶的温和性

3）专属性（重点讲解，4~5分钟，图12-4）。

①α-苷酶：只水解α-苷；β-苷酶：只水解β-苷；

一、苷键酶催化水解的特性

（三）专属性高

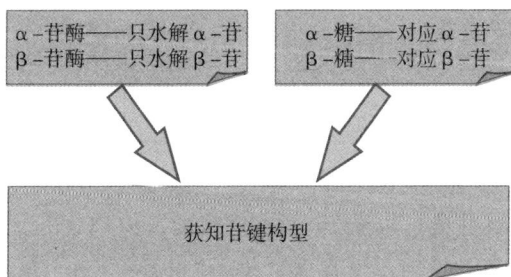

此草图为教师本人自绘

图12-4　酶的专属性

②麦芽糖酶：只水解α-葡萄糖苷；纤维素酶：只水解β-葡萄糖苷；苦杏仁酶：水解β-葡萄糖苷和其他六碳醛糖苷。

师：以上知识点难记吗？

生：难。

师：老师给大家体验下吃东西记住它们好不好？

生：好啊（学生兴奋）。（多媒体演示；直观教学法展示实物）

【体验式教学】

让学生试吃糖果和苦杏仁，再通过生活常识巧记常见酶的专属性

师：给你一个麦芽糖，你是张嘴（α）还是摇头（β）？

生：张嘴（α）。

师：所以，麦芽糖酶——只水解 α - 葡萄糖苷，记得住吗？

生：记得住。

师：给你一把草，你是张嘴（α）还是摇头（β）？

生：摇头（β）。

师：所以，纤维素酶——只水解 β - 葡萄糖苷，草主要含纤维素，好记吗？

生：好记。

师：给你吃中药苦杏仁而不是平时当零食的甜杏仁，你是张嘴（α）还是摇头（β）？

生：摇头（β）。

师：所以，苦杏仁酶——水解 β - 葡萄糖苷和其他六碳醛糖苷。好记吗？

生：好记。

师：用酶水解苷键可以获知苷键的构型，可以保持苷元的结构不变，还可以保留部分苷键得到次级苷或低聚糖，以便获知苷元和糖、糖和糖之间的连接方式。

回答课程开始时提出的两个问题，引出任务和下节课内容（1～2分钟）。

师：有些含苷类有效成分的中草药在加工炮制时也容易被酶水解，故要尽量避免水解。

师：举例：黄芩的炮制。

南方：黄芩有小毒，必须用冷水浸泡至色变绿去毒后，再切成饮片，叫淡黄芩。北方：黄芩遇冷水变绿影响质量，必须用热水煮后切成饮片，以色黄为佳。到底哪种方法更合理？请同学们课后查阅相关资料并试着下节课解释这一问题。好不好？

生：好。

第三节　趣味教学法的运用体会

一、趣味教学法的注意事项

（一）善用建构主义理念促进知识迁移

运用趣味教学法时，教师应基于建构主义理论，指导学生建立新旧知识的有机联系，使其通过已有知识理解新内容，并采用趣味化手段强化记忆，从而提升知识传授与习得效果。

（二）激发学生主动性实现教学相长

趣味教学法的实施应避免单向灌输，关键在于引导学生化被动为主动，培养知识迁移能力。通过扩大趣味教学的覆盖面，实现师生互促共进的教学目标。

（三）坚守教育本质杜绝低俗倾向

运用趣味教学法需秉持正确价值观，助力学生塑造"三观"。切忌为追求趣味性而生搬硬套，更要防范涉及民族宗教、意识形态等敏感领域的庸俗化记忆方法。

二、趣味教学法的应用心得

（一）教师的心得

在趣味教学法的指导下，教学应当以教师为主导、学生为主体，以问题为导向，以能力和方法为主线，有计划地培养学生的自学能力与逻辑思维能力。同时，要从实际案例出发，灵活运用多种教学手段激发学生的学习兴趣。具体可采用创设情境、设置谜语、巧用对联、编创口诀及顺口溜、引用典故等方式吸引学生注意力，从而提升学习兴趣、活跃课堂氛围。

以天然药物化学为例，该课程要求掌握常见天然药物中质控成分的一级、二级结构类型。其中，一级结构三萜皂苷类化合物的二级结构可分为：①四环三萜：包括达玛烷型（如人参中的人参皂苷 Rb 至 Rh、三七）、羊毛甾烷型（如灵芝）、环阿屯烷型（如黄芪）。②五环三萜：主要有齐墩果烷型（如人参皂苷 RO、甘草、柴胡、商陆、合欢皮）、乌苏烷型（如女贞子）、羽扇豆烷型（如白头翁）。

为帮助学生记忆这些复杂内容，教师可创设记忆口诀和形象情境。例如口诀："三萜皂苷两大类，四环三萜很是贵：人参三七达玛烷，灵芝栽培如羊毛，少有黄芪环阿屯；五环三萜真是多：柴草皮商脐橙果，女贞熊果乌苏烷，白头翁似羽扇豆，偶有人参来客串。"同时配合情境联想：将四环比作城市中心区（名贵药材如人参、三七、灵芝、黄芪），五环则类比城郊（普通商品如柴、草、皮、果）。这种将形象化情境与韵律口诀相结合的方式，能让学生在轻松氛围中有效掌握重点知识。

（二）学生的感受

趣味教学法指导下的学习要求学生主动探究，做到举一反三、触类旁通。在教师引导下，学生能够尝试对识记难度较高的无意义材料进行加工处理，将其转化为便于记忆和联想且具有一定意义的材料。以下学生反馈从侧面体现了良好的学习体验：

学生甲：趣味教学法为我记忆天然药物化学的重难点提供了有效方案，让这门"天书"般的课程变得通俗易懂。

学生乙：这种方法不仅适用于天然药物化学，也适用于其他课程。它为我开启了快速、准确且有趣地识记无意义材料的大门。

学生丙：趣味教学法的核心在于结合已有知识进行趣味联想和类比，这是一种高效的学习方法，可复制并迁移至其他课程，达到事半功倍的效果。

学生丁：这种方法显著提升了学习兴趣和效果，同时帮助我们自主创设个性化的学习记忆方法。

第十三章　产出导向教学法

第一节　产出导向法概述

一、产出导向法的概念

（一）引言

《大学英语课程教学要求（试行）》指出："大学英语的教学目标是培养学生的英语应用能力，增强跨文化交际意识和交际能力，同时发展自主学习能力，提高综合文化素养。"《大学英语教学指南（2020 年版）》指出大学英语课程的教学目标：培养学生的英语应用能力，增强跨文化交际意识和交际能力，同时发展自主学习能力，提高综合文化素养，使他们在学习、生活、社会交往和未来工作中能够有效地使用英语，满足国家、社会、学校和个人发展的需要。要求"大学英语教学以英语的实际使用为导向，以培养学生的英语应用能力为重点"。人才培养目标由知识型向应用型转变，旨在为国家和地方的社会经济发展输送大量能将知识和技能应用于实践的应用型人才。《国家中长期教育改革和发展规划纲要（2010—2020 年)》指出，提高教学质量是高等教育发展的主要任务。提升高等教育教学质量需要高校为大学生提供优质的外语教育。作为高等教育必修课程，大学英语教学要提升质量就必须革新单一的传统教学模式，从全面讲授转向有选择性地引导学生完成学习任务。然而受传统教学理论影响，多数教师长期存在"重输入轻输出"倾向，教学方法与模式较为单一，学生仍以被动接受为主，学习效果不尽如人意，语言应用能力亟待提升。此外，随着大学英语作为通识课程学时的缩减，教师需及时调整教学内容、方法及模式，以最大限度优化教学效果。因此，将产出导向法的教学理念与流程应用于大学英语课堂实践具有重要现实指导意义。

（二）产出导向法

POA（production-oriented approach），又称"产出导向法"，是我国学者文秋芳教授基于克拉申的"语言输入假设"（the input hypothesis）和斯韦恩的"语言输出假设"（the output hypothesis）发展而来的、具有中国特色的二语习得理论。2013 年，文秋芳教授提出"输出驱动假设"；2014 年发展为"输出驱动 – 输入促成假设"，初步构建理论框架，并于同年 10 月在"第七届中国英语教学国际研讨会"上正式命名为 POA。2015 年，其理论体系《构建产出导向法》在《外语教学与研究》期刊发表。该理论凝聚了国内外几代研究者的理性思考与实践智慧，为新时代背景下构建中国特色英语教学体系提供了创新思路。2017—2018 年，文秋芳团队对 POA 理论体系进行修订，在"学习中心说""学用一体说""文化交流说""关键能力说"四大理念基础上，提出"输出驱动""输入促成""选择性学习""以评为学"四个教学假设。该理论强调教师主导、师生共建，通过"驱动 – 促成 – 评价"的循环教学模式实现产出目标。针对我国外语教学中"重学轻用"或"重用轻学"的现象，POA 倡导"学用一体"理念，注重语言输入与产出的有机结合，旨在提升学生的语言应用能力。

二、产出导向法的主要特点

"产出导向法"由三个部分组成："教学理念""教学假设""教学流程"。其中"教学理念"是指导思想，"教学假设"是理论支撑，"教学流程"是实现方式。三者既彼此独立，又相互关联支撑，形成一个往复循环的整体框架。

1. 教学理念

POA 的教学理念有三个方面：学习中心说、学用一体说、全人教育说。学习中心说不同于目前国内主流的"以学生为中心"的教学理念，主张教学必须要实现教学目标和促成有效学习的发生，而不仅仅是教师与学生的角色转换，或者由学生的个人兴趣或需求来决定教学内容和教学流程。从这个角度来看，产出导向法首先关注的是学生能学到什么，而非是学生在教学活动的过程中扮演的角色是什么。学用一体说中的"学"指输入性学习，即听与读，而"用"指的是产出性活动，即说、写、译。所谓"学用一体"是指输入性学习与输出性活动不应存在时间差，更不可割裂开来，而应在接受输入的过程中同步完成产出任务，实现学用无界。全人教育理念强调，外语课堂既要提升学生综合运用英语的能力，又要达成高等教育培养思辨能力、自主学习能力及综合文化素养等人文性目标。

2. 教学假设

POA 的教学假设包含三方面：输出驱动假设、输入促成假设和选择性学习假设。输出驱动假设认为，产出既是语言学习的驱动力，也是其目标；因此教学应以产出为起点，并据此设计任务。当学生认识到产出任务的意义及自身不足时，会主动通过输入性学习来弥补短板，这能有效激发学习兴趣，提升学习效果。输入促成假设强调，教师在布置产出任务时应提供与主题相关的输入材料，进行针对性指导，以避免学生的盲目性。选择性学习假设包含两层含义：一是根据产出需求从输入材料中筛选有用内容进行深度加工；二是强调语料的社会真实性，以及学生按需选取有用内容的能力。

3. 教学流程

POA 的教学流程分为三个阶段：驱动、促成和评价。驱动环节包含三个步骤：①教师呈现交际场景；②学生尝试产出；③教师说明教学目标和产出任务。促成环节由三个部分组成：①教师描述产出任务；②学生在教师指导下进行选择性学习并接受检查；③学生在教师指导下练习产出并接受检查。评价分为即时评价和延时评价两种：即时评价是教师在促成环节中对学生产出的评价与指导；延时评价则包括复习性产出和迁移性产出。

POA 要求教师在学期初向学生公布整体评价计划，明确本学期的产出任务，并将学生任务成果整理为档案袋，作为形成性评估的依据。

三、产出导向法的应用意义

1. 符合新时代大学生对英语学习的需求

长期以来，大学英语教师和学生都习惯于"课前导入－课本讲解－完成练习"的教学模式。这种模式导致大学英语教学费时低效：学生陷入机械记忆单词、背诵句型的循环，难以体会英语的语言魅力和学习乐趣；部分教师固守传统讲授法，教学设计单一僵化。如此课堂将学生视为知识灌输的容器，气氛沉闷，参与度低下。显然，这种传统教学模式已难以满足信息化时代大学生的英语学习需求。如今，学生可自主通过网络查询单词释义、句型结构和语法规则，教师更需在课堂上发挥引导作用，通过设计多样化教学活动，帮助学生理解多元文化，培养跨文化意识。产出导向法所倡导的教学理念与方法，既有助于教师转变传统教学模式，又契合大学英语课程改革的时代要求。

2. 有助于培养学生的语言应用能力

产出导向法在高校英语教学中的实施，改变了教师以往不加选择地全盘讲授、灌输知识的传统教学模式。该方法通过不同教学环节的设计，鼓励学生主动参与、积极思考，并在教师引导下完成语言产出任务。这些任务有效改善了学生在母语环境下缺乏语言交际机会的现状，为其提供了实践平台。学生在完成任务的过程中，能够将驱动环节输入的素材转化为有效的产出性知识，从而激发学习积极性，提升语言应用能力。

3. 有助于发挥教师在教学中的引导作用

产出导向法强调教师不仅是支持者，更应扮演课堂教学的主导角色——作为设计者、组织者、引领者和指挥者。该方法要求教师发挥中介性促成作用，贯彻"学用一体"理念，引导学生基于产出任务进行针对性语言学习，促使学生运用既有知识体系内化新知识。教师需全程参与引导，包括场景构建、任务布置、活动实施及效果评价，这些环节为教师发挥引导作用提供了系统性支持。

该方法突破了"满堂灌"和"单纯以学习者为中心"的局限，在借鉴国外先进理论的同时，立足我国大学英语课时有限、任务重的现实，明确提出课堂活动应以学习发生为终极目标（文秋芳，2014）。针对教学中存在的"学用脱节"和"教师角色弱化"问题，主张以输出任务为导向，通过教师中介的输入性学习与评价手段，实现"学中用、用中学、学用结合"，从而提升课堂教学实效。

第二节 产出导向法的运用

一、产出导向法的实施步骤

（一）教学理念

教学理念包括学习中心说（learning-centered principle）、学用一体说（learning-using integration principle）和全人教育说（whole-person education principle）。

学习中心说主张课堂教学的一切活动都应以促进有效学习为导向（文秋芳，2015），既反对教师主导的"一言堂""满堂灌"，也反对过度强调学生决策权与自主性而导致教师作用边缘化的倾向。学用一体说中的"学"指输入性学习，"用"指产出性运用，该理论倡导学用同步、学用相长的教学方式，既批判当前大学英语教学中以课文讲解为核心的模式，也不赞同任务型教学法和项目教学法等过度侧重语言运用而轻视教师引导的做法。全人教育说强调语言教育应兼顾工具性与人文性双重属性，要求外语课程在提升学生语言综合运用能力的同时，注重培养其思辨能力、自主学习能力及综合文化素养（文秋芳，2015）。文秋芳（2015，2016）提出，在产出导向法的实施过程中，可通过甄选具有价值观引导或文化交融特征的教学话题、选用培养家国情怀与拓展国际视野的输入材料，以及设计包含合作学习与互评机制的教学活动来实现人文性教育目标，从而促进学生全面发展。

（二）教学假设

教学假设是教学流程的理论支撑，包括输出驱动假设（output-driven hypothesis）、输入促成假设（input-enabling hypothesis）和选择性学习假设（selective-learning hypothesis）。

输出驱动假设以输出假说和互动假说为理论基础，主张有输出的语言学习比单纯输入更能提升学习效果（文秋芳，2016）。输出既是语言学习的驱动力，也是其最终目标。输入促成假设则指出，在输出驱动的学习过程中，适时提供恰当的输入比完全不提供输入更有利于提高学习成效（文秋芳，2015、2016）。学习者在任务完成过程中既能激活已有知识、提升语言流利度，又需要教师发挥支架作用，通过提供适当材料或讲解来促进可理解性输入，从而拓展知识体系并提高产出质量。选择性学习假设强调，根据产出需求从输入材料中有针对性地选取学习内容，其效果优于无差别的学习方式。该假设反对传统精读教学模式中的全盘接受，主张将语言材料视为促成手段而非学习目标，提倡在有限课堂时间内重点加工对产出活动有益的内容，忽略无关部分。

（三）教学流程

1. 教师呈现交际场景（15 分钟）

作为驱动环节的首要步骤，POA 教学法与传统英语课堂的热身活动存在显著差异。传统课堂通常采用教师介绍背景知识或学生回答热身问题的形式，而 POA 驱动环节则通过"尝试 - 发现 - 激发"的机制：教师首先在特定课程主题背景下创设交际场景，引导学生尝试语言产出。当学生在实践中意识到自身语言能力的局限时，会自然产生学习需求，这种内生动力将推动其跟随教学流程逐步达成学习目标。以第一单元"绿色出行"主题为例，该话题既贴近学生日常生活，又体现新时代青年的环保理念。虽然学生对节能减排概念并不陌生，但如何用英语准确论述这一社会现象往往令其感到困难，这种认知落差促使学生主动通过单元内的视频、文章等输入性材料积累相关词汇与表达。

2. 学生尝试产出任务

教师要求学生用英语描述网络使用现状并介绍同学的上网情况。由于语言储备不足，部分学生难以流畅表达，这种实践中的挫败感反而转化为强烈的学习动机。

3. 教师说明教学目标和产出任务

教学目标体系包含三个维度：交际目标：培养用英语处理学习、生活及工作事务的能力，单元结束时学生应能完成口头或书面产出，如采用"因果"或"果因"结构撰文分析网络对大学生活的影响。语言目标：支撑交际目标的实现，包括掌握相关词汇、短语及句型。情感目标：引导学生形成健康理性的网络使用观念。总产出任务可分解为三个阶段：①调研大学生网络使用现状；②分析网络影响的积极和消极方面；③提出针对性建议。

二、产出导向法在"大学英语"课程中的运用

（一）课程内容简介

课程名称：大学英语。

授课对象：全校各专业。

章节名称：英语作文写作。

（二）教学目标的确立

本课程实践的教学目标分为四个层面，见表 13 – 1，即知识目标、语言技能目标、交际目标、情感目标。知识目标主要是让学生掌握与本单元话题相关的词汇、短语及其表达。知识目标旨在帮助学生掌握与本单元主题相关的词汇、短语及表达方式。语言技能目标分为阅读与写作两方面：阅读技能要求识别作者通过重复手法实现的语义连贯性；写作技能则期望

学生能够从正反两个角度阐述对共享经济的观点。这些知识目标和语言技能目标构成语言学习的基础层面，而交际目标和情感目标的达成不仅能增强学生的学习自信与满足感，更能给予他们思想层面的启迪。

表 13 - 1　教学目标

	总体目标	具体目标
知识目标	掌握与单元主题相关或常用的单词、短语以及表达方式	熟练掌握与环保、绿色经济相关的词汇和表达。如：use energy efficient light bulbs，switch off before going to sleep，stop using throw-away shopping bags，use renewable energy such as solar power，choose to walk，ride a bike，or take a bus/subway
语言技能目标	阅读技能	理解文章作者叙事风格及语言技巧
	写作技能	陈述绿色生活的特点和优劣
交际目标	口语介绍	以小组报告的形式推广绿色出行的必要性
情感目标	选择自己向往的生活方式	增强学生自我意识，勇敢表达

（三）基于"产出导向法"的大学英语写作教学设计示例

本文遵循"产出导向法"教学流程的 3 个阶段：驱动、促成、评价，以《我的中国梦》为例来设计大学英语写作的教学流程。

1. 驱动

（1）呈现交际场景（15 分钟）　作为驱动环节的首要步骤，本环节需在学期开始前完成规划。经充分讨论后，确定本学期（大一下学期）的写作任务为 8 篇，主题选取以现实生活为主，重点关注时事新闻、节气文化、娱乐休闲、音乐艺术等与学生生活密切相关的内容。由于主题来源于真实生活，学期初无法精确预设每期主题，仅能划定大致范围。具体主题及配套语言输入材料，由任课教师提前 1 周根据实际情况确定，并完成语料收集工作。本环节采用"教师讲授"为主要教学形式，讲授内容须紧扣主题，重点突出关键词汇与表达方式，确保所有语料直接服务于后续产出任务。

（2）学生尝试产出（5 分钟）　本环节作为驱动环节的第二步，要求学生以小组讨论形式，围绕"我的中国梦"主题进行口头描述。这是学生在接收语言输入后进行的初次输出尝试,其设计目的并非产生完整作品,而是通过实践性输出活动,帮助学生发现自身不足:既包括语料储备与内容表达的欠缺,也涉及写作基本功与技巧的薄弱点。教师与学生需通过持续尝试、讨论与辨析,共同明确具体不足及其成因。作品产出将安排于后续阶段完成,因此本环节教师应重点关注观察记录,协助学生定位薄弱环节,而非强调作品完成度。

(3)教师说明教学目标和产出任务(5分钟) 作为驱动环节的第三步,本环节需在学生完成语言输入并初步认知自身不足后进行。教师应清晰阐释交际目标与语言目标:既要说明最终需达成的交际任务,也需明确要求掌握的词汇、短语及语法结构。具体实施时,教师应提供不超过30个主题相关词汇和短语,并根据学生个体差异设置分层选择,以充分挖掘每位学生的学习潜能。

2. 促成

(1)教师布置产出任务(20分钟) 教师将任务分解为三个模块:"观点提炼""结构搭建""语言运用"。首先指导学生用简洁的语言概括中国梦的核心观点;其次引导学生通过提纲或思维导图构建语篇框架;最后从给定的30个主题相关词汇中,根据框架筛选恰当的表达,重点确定逻辑关联词的使用。

(2)学生选择性学习与教师指导(10分钟) 学生在任务执行中面临不同困难:观点提炼障碍、结构搭建困惑或语言表达不足。教师应指导学生针对自身薄弱环节寻求帮助,可通过教师指导或同伴互助。此阶段目标是通过师生、生生协作,在明确问题的基础上完善产出准备。

(3)学生实践产出(10分钟) 学生需在课堂完成部分产出任务,其余作为课后作业继续完善。通常建议课堂完成基础框架,课后进行细节修改与补充。

3. 评价

POA评价模式涵盖即时评价与延时评价两部分。实际操作中,主要通过"教师点评""学生自评""学生互评"三种方式展开：首先，教师向学生提供详细的评分标准，要求学生据此对自己的作文进行评价；其次，教师选取 3 篇典型作文（含 1 篇优秀范文），隐去作者信息后，指导学生进行评分；最后，教师对 3 篇范文给出评价，并详细阐释评分依据。

4. 课后作业

请同学们按老师讲授完成作文，并以小组汇报的形式进行自评和互评。

第三节　产出导向教学法的应用体会

一、产出导向教学法的注意事项

经过一个学期的实验，产出导向法在大学英语写作教学模式中初步成形，取得了令人振奋的成果，但也暴露出一些问题。总体而言，这一新的写作教学模式赢得了参与实验师生的认可，对教学活动产生了积极的反馈作用，不过仍有相当大的提升空间。

1. 电子学习档案袋

教学质量的提升有赖于先进的教学理论、科学的教学方法以及高效的教学管理。在改革教学模式与方法的同时，需加强教学过程性管理——这不仅有助于教师进行教学反思，也能促进学生更清晰地观察自身进步。目前学生提交作文仍采用纸质材料形式，既存在易遗失问题，也不便于长期保存与管理。为优化文档保存，建议要求学生以电子文档形式撰写作文并通过邮件提交，但此举可能导致教师工作量激增，且对缺乏电脑设备的学生形成完成障碍。为确保教学实效，建议加大教学硬件投入力度，并配备助教人员分担部分教学管理任务。

2. 增强对不同层次学生教学的有效性

产出导向法写作教学模式以学习为中心，通过分解产出任务来设计教学流程，各环节紧密衔接，循序渐进，具有较强的可行性和可操作性。然而，该模式对学生个体差异的考虑稍显不足，为语言基础、性格特点和表达能力各异的学生设置了相同的产出任务。实际教学中，不同学生对同一任务的表现存在明显差异，这种差异与其对主题的兴趣程度及语言基本功水平密切相关。因此，教师在设计产出任务时需进一步细化，可为同一主题提供3~5个备选话题，并对不同水平的学生提出差异化要求。具体要求可体现在作文字数、句长限定、词汇难度或表达方式等方面。总之，教师在细化教学环节的同时，必须针对学生个体差异制订个性化教学要求，以满足其学习过程中的多样化需求。

3. 加强对写作逻辑性的培养

通过一学期的实验观察，实验班在写作内容与表现效果方面明显优于对照班，但在结构与语言方面的差异并不显著。语法准确性主要依赖精读课和语法课的长期积累，短期内难以快速提升。本课题尝试通过培养学生运用语料库检索资料来逐步改善这一问题。教学过程中发现，学生对"三段式"写作存在严重依赖，动笔必用三段式，甚至为维持结构而机械套用，导致逻辑混乱。这种对固定写作模式的过度依赖，正是实验班与对照班在"结构"单项表现相近的主要原因。因此，教师应着力突破学生的思维定式，鼓励创新表达，强化文章逻辑性与说服力，而非拘泥于固定范式。

二、产出导向教学法的应用心得

（一）产出导向法相比于传统教学方法的主要优势

其一，产出导向法吸纳了社会文化理论中的"支架""中介""他人调节"等理念，强调教学中教师的引领作用。该理论认为，课堂学习相较于自主学习（autonomous learning），其优势在于能够充分发挥教师的主导作用，优化学习环境因素，进而影响学习者的个人因素与行为因素，最终达到优化学习效果的目的。其二，产出导向法亦借鉴了信息加工认知理论中关于有效输入的研究成果，在"促成"环节中尤为注重语言形式的教学。学界普遍认同，尽管显性教学语言形式并不能改变语言习得的顺序，但却能有效提升语言学习的效率。国内外学者的研究成果表明，曝光频率（frequency of exposure）、注意程度（noticing）以及学习与使用的需求（need to learn or use）等因素对学习效果具有重要影响。在此基础上，Schmitt（2008，2015）提出了"参与"（engagement）的概念，认为教师应致力于提升学习者对目标语言项目的参与度，以强化学习效果。"输入加工模型"同样指出，理解输入仅是学习者对意义的把握，在无外在压力时，学习者往往倾向于优先关注语言意义而忽视语言形式。因此，培养学生的信息加工能力，建立形式与意义的联系显得尤为重要。在语言使用中增强对新学语言的注意力和"参与度"，促进语言形式、功能与意义的融合，是产出导向法实现"促成"效果的关键所在。鉴于大学英语课时有限、学分不断被压缩的现状，提高英语学习效率尤为关键。产出导向法通过强调教师在"驱动""促成""评价"环节中的指导作用，以及教师调控下的输入性学习，相较于分析型教学法展现出两大优势，使得产出导向法能够在有限的课堂时间内追求最佳的教学效果。

（二）课堂实践的意义

坚持真实课堂教学环境的教学研究具有重要意义。历史经验表明，英语教学改革仅注重教学方法的推广是不够的。李特尔伍德指出，课堂实施过程是教育理念和价值观的实践过程（郑新民，2008），我们不仅要重视教学方法的"预设"，更要关注其在课堂中的"生成"。课堂作为各种矛盾激烈碰撞的场域，新理念如何（或能否）融入教学实践？实践过程中会产生哪些新问题与矛盾？课程各要素之间会形成怎样的动态关系？对这些问题的观察与探讨，是实现和发展教育理念与价值观的关键。产出导向法大学英语教学模式已取得一定成效，既符合大纲对学生英语应用能力的要求，又突破了传统教学模式，将生活话题与鲜活语料引入课堂。同时该模式仍有较大探索空间，在以学习为中心的理念指导下，需与翻转课堂、慕课、微课等新型教学模式共同构建更立体的混合型教学体系。

主要参考文献

［1］彭代银．中医药高等教育教学百问［M］．北京：中国医药科技出版社，2017．

［2］刘红宁，左铮云．大学课堂教学方案设计（修订版）［M］．南昌：江西高校出版社，2015．

［3］范文明．新时代高校思想政治教学常见话题探研［M］．北京：中国纺织出版社，2020．

［4］陈彦雄．高校思政课教学质量问题研究［M］．北京：北京工业大学出版社，2021．

［5］付永刚，王淑娟．管理教育中的案例教学法［M］.2版．大连：大连理工大学出版社，2014．

［6］李芒，蒋科蔚，李师．信息化学习方式：案例教学［M］．北京：北京师范大学出版社，2014．

［7］潘云良．案例教学的理论与实践［M］．北京：中共中央党校出版社，2018．

［8］胡庆芳．优化课堂教学：方法与实践［M］．北京：中国人民大学出版社，2014．

［9］朱丽．如何运用教学方法［M］．上海：华东师范大学出版社，2014．

［10］教育部高等教育司．大学英语课程教学要求（试行）［M］．上海：上海外语教育出版社，2004．

［11］教育部高等大学外语教学指导委员会：《大学英语教学指南》

[M]. 北京：高等教育出版社，2020.

［12］文秋芳. 产出导向法：中国外语教育理论创新探索［M］. 北京：外语教学与研究出版社，2020.

［13］曹晓芬. 翻转课堂教学模式的设计与应用研究［D］. 济南：山东师范大学，2015.

［14］陈晓菲. 翻转课堂教学模式的研究［D］. 武汉：华中师范大学，2014.

［15］王宪平. 课程改革视野下教师教学能力发展研究［D］. 上海：华东师范大学，2006.

［16］赵琳，徐加英，刘朝晖，等. 混合式教学方法推动高校医学教育改革的实用性探讨［J］. 教育现代化，2018，5（20）：281－283.

［17］于晓红，张慧，景志红. 个性化人才培养模式与教学方法的研究［J］. 中国大学教学，2009（2）：34－36.

［18］方美璇，肖欣怡，朱东弼. 浅谈互联网＋时代高校专业课程教学方法改革［J］. 科技视界，2017（28）：60，66.

［19］姚君. 素质教育导向下的高校教学管理改革之路——评《素质教育背景下高校教学管理制度改革的研究》［J］. 中国教育学刊，2021（11）：115.

［20］朱兴文. 教师研究教学方法的意义［J］. 新课程（中），2018（1）：35.

［21］李云峰，李爱英，张国红，等. 医学生情感化教育课堂的实践方式探讨［J］. 吉林教育，2015（31）：14－15.

［22］杨荣，刘寿先. 基于金融数据库的财务报表分析课程实践教学设计——从"探究式"教学角度［J］. 商业会计，2021（21）：126－129.

［23］张晓倩. 医学模拟教学在临床技能培训中的作用［J］. 中国继续医学教育，2021，13（24）：80－82.

［24］王沁，唐家银，赵春明. 案例与实验教学法在泊松过程教学中

应用 [J]. 教育教学论坛, 2022 (6): 121 – 124.

[25] 贾富全. OBE 理念下的 CBL 和 TBL 双轨教学法在法医学教学中的应用分析 [J]. 中国继续医学教育, 2022, 14 (6): 24 – 28.

[26] 吴秀云, 陈鲤翔, 张静, 等. 基于"雨课堂"的生物化学"翻转课堂"教学模式研究与实践 [J]. 科技风, 2022 (8): 117 – 119.

[27] 蔡敏. "角色扮演式教学"的原理与评价 [J]. 教育科学, 2004 (6): 28 – 31.

[28] 谭俊峰. 案例教学法的内涵、类别及应用解析 [J]. 北京经济管理职业学院学报, 2020, 35 (3): 42 – 49.

[29] 韦旭楠, 王子薇, 刘露萍, 等. 国内外医学生职业精神教学方法研究进展 [J]. 医学与哲学 (A), 2016, 37 (6): 41 – 43.

[30] 徐继春, 郝孝华. 高校素描"立体示范"教学法的应用探索 [J]. 大众文艺, 2018 (12): 215 – 216.

[31] 文利. 以"错"相教 由错树正——浅论艺考声乐教学中的错误示范教学法 [J]. 艺术评鉴, 2017 (23): 131 – 133.

[32] 戴梅. 讲解和示范教学法在篮球教学中的应用 [J]. 职业, 2017 (10): 59.

[33] 赵兴龙. 翻转课堂中知识内化过程及教学模式设计 [J]. 现代远程教育研究, 2014 (02): 55 – 61.

[34] 王长江, 胡卫平, 李卫东. "翻转的"课堂: 技术促进的教学 [J]. 电化教育研究, 2013 (08): 73 – 78.

[35] 金陵. 用"学习任务单"翻转课堂教学 [J]. 中国信息技术教育, 2013 (03): 20.

[36] 李季鹏. 体验式教学法在"管理学"教学中的应用 [J]. 黑龙江教育: 高教研究与评估, 2006 (10): 59 – 60.

[37] 梁志民, 熊龙彪, 周明艳. 体验式教学法在管理学教学中的应用 [J]. 全国商情·理论研究, 2012 (28): 57 – 58.

[38] 张金华, 叶磊. 体验式教学研究综述 [J]. 黑龙江高教研究, 2010 (6): 143-145.

[39] 张胜硕, 袁枫, 王继红. 体验式教学的发展及其应用进展 [J]. 中华护理教育, 2014, 11 (5): 389-391.

[40] 杨希, 高强. "趣味教学法" 在微生物学课堂中的应用及探讨 [J]. 微生物学通报, 2021, 48 (10): 391-392.

[41] 李莹, 项玮, 张建昆, 等. 基于 PDCA 循环的趣味教学法在《专业外语》课程中的应用研究 [J]. 西南师范大学学报 (自然科学版), 2018, 43 (9): 147-151.

[42] 张腾霄, 王斌, 苏适, 等. "动式" 教学法提升制药工程专业学生职业技能的实践 [J]. 黑龙江畜牧兽医, 2017 (12): 222-224.

[43] 李忠杰. 高职数学中趣味教学法实施的范例及效果研究 [J]. 西南师范大学学报 (自然科学版), 2017, 42 (05): 183-186.

[44] 黄小方, 欧阳辉, 聂晶, 等.《中药学》趣味创意微电影教学法的设计与实践 [J]. 时珍国医国药, 2016, 27 (3): 747-749.

[45] 夏旭. 趣味教学法引入大学生搜索引擎教学的探索 [J]. 图书馆论坛, 2014, 34 (12): 66-72.

[46] 程顺之. 试谈中学语文教学法教学的情趣味 [J]. 课程·教材·教法, 1995 (1): 47-49.

[47] 李瑛, 左复, 王永胜. 趣味教学法在《木材学》课中的应用 [J]. 职业技术教育, 1994 (11): 26.

[48] 王剑, 钟元生, 罗成, 等. 高职数据结构课程趣味教学的实践 [J]. 职教论坛, 2010 (17): 31-32.

[49] 文秋芳. "产出导向法" 的中国特色 [J]. 现代外语 (双月刊), 2017 (3): 356.

[50] 林晓青. 基于产出导向法的高校英语课堂教学设计探索 [J]. 长春师范大学学报, 2021 (1): 169.

［51］文秋芳．输出驱动假设在大学英语教学中的应用：思考与建议［J］．外语界，2013（6）：14－22．

［52］文秋芳．输出驱动－输入促成假设：构建大学外语课堂教学理论的尝试［J］．中国外语教育，2014（2）：3－12．

［53］文秋芳．构建"产出导向法"理论体系［J］．外语教学与研究，2015（4）：547－558．

［54］文秋芳．"师生合作评价"："产出导向法"创设的新评价形式［J］．外语界，2016（5）：37－43．

［55］文秋芳．"产出导向法"的中国特色［J］．现代外语，2017（3）：348－358．

［56］张伶俐．"产出导向法"的教学有效性研究［J］．现代外语，2017（3）：369－376．

［57］张文娟，"产出导向法"对大学英语写作影响的实验研究［J］．现代外语，2017（3）：377－385．

［58］邱琳．"产出导向法"语言促成环节过程化设计研究［J］．现代外语，2017（3）：386－396．

［59］孙曙光．"师生合作评价"课堂反思性实践研究［J］．现代外语，2017（3）：397－406．